Illisibilité partielle

Texte détérioré — reliure défectueuse
NF Z 43-120-11

VALABLE POUR TOUT OU PARTIE
DU DOCUMENT REPRODUIT

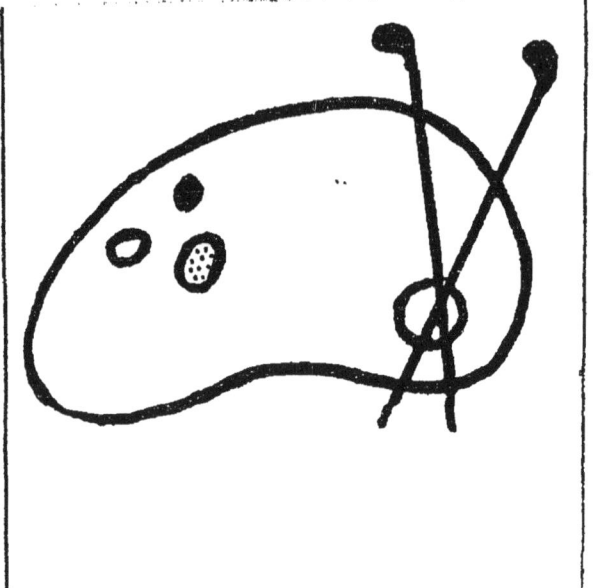
Couvertures supérieure et inférieure
en couleur

COUVERTURES SUPERIEURE ET INFERIEURE D'IMPRIMEUR

UNE

FLEUR AUX ENCHÈRES

LIBRAIRIE E. DENTU, ÉDITEUR

OUVRAGES DU MÊME AUTEUR

Collection grand in-18 jésus, à 3 francs le volume

La Sorcière Rouge, 3ᵉ édition	3 vol.
Le Ventriloque, 3ᵉ édition	3 vol.
Le Secret de la Comtesse, 4ᵉ édition	2 vol.
La Maîtresse du Mari, 4ᵉ édition	1 vol.
Une Passion, 3ᵉ édition	1 vol.
Le Mari de Marguerite, 13ᵉ édition	3 vol.
Les Tragédies de Paris, 7ᵉ édition	4 vol.
La vicomtesse Germaine, (suite des *Tragédies de Paris*)	3 vol.
Le Bigame, 6ᵉ édition	2 vol.

Imprimerie DESTENAY, à St-Amand (Cher).

UNE FLEUR

AUX ENCHÈRES

PAR

XAVIER DE MONTÉPIN

TOME SECOND

E. DENTU, ÉDITEUR
LIBRAIRE DE LA SOCIÉTÉ DES GENS DE LETTRES
PALAIS-ROYAL, 15, 17, 19, GALERIE D'ORLÉANS

1877
Tous droits réservés.

UNE
FLEUR AUX ENCHÈRES

DEUXIÈME PARTIE

I

UN CONCIERGE

Le concierge de la maison était installé au sein de sa loge, dans un bon fauteuil, au coin d'un bon feu.

Il avait sur la tête un *bonnet grec* de velours grenat, brodé en chenille.

Il lisait avec une attention profonde le premier-Paris d'un grand journal politique.

Évidemment ce concierge portait l'intérêt le plus vif à l'équilibre européen.

Maurice s'introduisit dans la loge.

Le concierge daigna quitter son journal, et il

regarda le visiteur d'un air assez bienveillant, mais sans interroger, et paraissant attendre une question.

Maurice salua.

Le concierge répondit à ce salut par un petit mouvement de tête.

— Monsieur, — dit Maurice, — j'ai un renseignement à vous demander.

En même temps il fouilla dans sa poche.

Le concierge comprit la signification de ce geste et tendit la main.

Maurice mit dans cette main une pièce de cinq francs.

Le concierge sourit, — quitta son fauteuil, — posa son journal, — souleva de trois centimètres son bonnet grec et dit :

— Monsieur me fait l'honneur d'attendre de moi un renseignement ?

— Oui.

— Je suis à la disposition de monsieur.

— Deux hommes viennent d'entrer dans votre maison ?...

— Monsieur en est-il sûr ?

— Parfaitement.

— Alors, monsieur veut sans doute parler des deux particuliers qui viennent de s'immiscer dans mon immeuble ?...

— Les connaissez-vous ?
— J'en connais un, surtout.
— Quel est celui que vous connaissez ?
— Oh! c'est un être bien comme il faut !... — Il a sa fille qui est actrice au théâtre des Variétés, — une personne superbe, qui venait ici assez souvent autrefois, et qui même me donnait de temps à autre des places de spectacle, qui rendaient mon épouse légitime bien heureuse, — toutes fois et quantes je consentais à l'emmener avec moi...

— Ce n'est pas de celui-là qu'il s'agit, — interrompit Maurice.

— Alors, c'est de l'autre ?...

— Naturellement. — Est-ce que vous ne le connaissez pas ?

— Beaucoup moins que le papa de mamselle Paméla (c'est le nom de l'artiste des Variétés). — Il ne vient guère ici que depuis une dizaine de jours, — mais il me fait l'effet d'un particulier bien mis et d'un homme bien élevé.

— Chez qui vont ces deux personnages ?

— Chez une personne du beau sexe, qui habite mon immeuble depuis dix ans...

— Et cette dame ?...

— Ah! elle a du être un beau brin de femme dans le temps. — Pour le quart d'heure, son physique est un peu avarié, — mais, que voulez-vous ! *on ne peut pas être et avoir été.* — C'est la sagesse des nations qui dit cela, monsieur, et la sagesse des nations ne se trompe jamais... — Ça n'empêche pas que ma locataire fait des toilettes un peu renversantes et crânement épatantes, et que mon épouse légitime en est jalouse, à cause qu'elle aime à jaboter un petit peu, histoire d'en dire deux, et qu'elle s'arrête toujours pendant des trentre-cinq minutes quand je suis dans *ma grande* escalier, en train de vernir ma rampe...

Maurice interrompit le portier pour la seconde fois.

— Cette dame a-t-elle un état ? lui demanda-t-il.

— Parbleu ! et un soigné, encore !... — et qui lui rapporte gros, monsieur peut m'en croire...

— Quel est cet état ?

— Elle reçoit des visites.

— Vous dites ?...

— Je dis : Elle reçoit des visites

— Je ne vous comprends pas.

— C'est pourtant simple comme bonjour...

— Expliquez-vous, je vous en prie...

— Eh bien, il vient chez elle des messieurs

bien couverts et très comme il faut, — tous gens de la haute, et qui ont la politesse de ne pas m'oublier au jour du jour de l'an. — C'est mes petits profits, et c'est bien heureux, parce que, voyez-vous, le propriétaire est un fesse-mathieu, un ladre, un sapajou, qui, si seulement il donnait cinq malheureux francs à monsieur son concierge, se croirait ruiné, — et je vous demande un peu s'il le serait. — Il possède dans Paris trois immeubles comme celui-ci, sans compter ses *Grand Central* et ses *Crédit mobilier*... jugez!... — Eh bien! monsieur, — ce grippe-sou veut que je fournisse les balais et les plumeaux... Hein! quelle petitesse!

— Mais cette dame?

— Ah! oui, cette dame... — Eh bien, ma locataire, qui est la bonté même, et pleine d'obligeance pour tout le monde, ne reçoit pas rien que des messieurs... il vient aussi chez elle des demoiselles, jolies comme de petits amours... — Elles arrivent quand elles sont dans la panne, ou *à la côte*, si on l'aime mieux, enfin quand tout est au clou, — et même elles reviennent encore assez souvent quand elles sont requinquées, à preuve que mamselle Paméla...

— Votre locataire se nomme madame Belzébuth, n'est-ce pas?...

— Tiens! tiens! tiens!... vous la connaissez? — s'écria le concierge extrêmement surpris.

— Vous voyez, du moins, que je sais son nom...

— Pourquoi donc, alors, me questionnez-vous sur son compte?...

— Curiosité pure. — A quel étage demeure-t-elle?...

— Au troisième, — sans entre-sol...

— C'est bien... — Ah! encore un mot, cependant...

— Trente-six, et même quarante-deux si ça peut faire plaisir à monsieur. Que monsieur ne se gêne pas, — j'aime à parler et je m'en acquitte assez bien, — et la preuve, c'est qu'en 1848, je m'étais mis sur les rangs pour la candidature à la députation nationale, parce que je pouvais pérorer pendant plus de deux heures sans reprendre haleine, et ça me serait assez bien allé de toucher les vingt-cinq francs par jour — J'avais des chances, mais les autres ont été jaloux de moi, et...

Maurice se vit obligé de couper de nouveau la parole du digne concierge qui paraissait se croire à la tribune convoitée de l'Assemblée nationale, et qui ne semblait que trop disposé à bavarder pour plus de vingt-cinq francs.

— Mardi dernier, — lui demanda-t-il, — ne s'est-il rien passé d'extraordinaire dans votre maison ?

— Mardi ?...

— Oui.

— Attendez un peu... Ah ! m'y voilà...

— Eh bien ?...

— C'est qu'il s'est passé bien des choses, justement, mardi.

— Dites... dites...

— D'abord, nous avons la locataire du second, — une belle femme, mais une pas grand'chose, — qui a reçu un superbe cent-garde pendant que son mari était à une réunion d'actionnaires... — Nous avons ensuite la locataire du quatrième...

— Eh ! — s'écria Maurice, — il ne s'agit que de ce qui s'est passé chez cette madame Belzébuth...

— Ah ! ah ! chez madame Belzébuth ?...

— Oui.

— Mais c'est que, il n'y a rien eu... rien du tout...

— Vous en êtes certain ?

— Dame ! il me semble...

— Rappelez vos souvenirs...

— Ah !... cependant...

— Eh bien?...

— Mais...

— Quoi?...

— Dame! monsieur, je ne sais pas si je ne suis pas fautif de rendre compte comme ça des faits et gestes de mes locataires... et c'est bien mesquin de manquer à tous ses devoirs... pour cinq francs...

— En voilà dix de plus... dites-moi la vérité.

— Ah! du moment que monsieur y met le prix, je ne demande pas mieux... — d'ailleurs, monsieur a des manières si aimables...

— Ainsi, vous vous souvenez?...

— A peu près.

— J'attends!...

— M'y voilà. — D'abord, mardi, madame Belzébuth a eu du monde à dîner...

— Qui cela?

— Les deux particuliers qui viennent de monter...

— Et ensuite?...

— Ils avaient avec eux une jeune fille qui ne paraissait pas gaie du tout, mais qui était jolie comme un cœur avec ses beaux cheveux blonds, — même que mon épouse légitime s'est mise ans des états à faire frémir la nature, parce qu'elle trouvait que j'avais regardé la petite, et qu'elle m'a jeté un plat à la tête, — car il faut que monsieur sache que mon épouse légitime est jalouse comme une tigresse : quoique je sois, j'ose le dire, la perle des maris et la vertu même...

II

MAURICE ET LA BELZÉBUTH

— Après ! morbleu ! après ? — s'écria Maurice, à qui tout ce verbiage faisait perdre patience.

— Dame ! monsieur me demande des détails... je crois bien faire en les lui donnant...

— Continuez ; mais pour l'amour de Dieu, hâtez-vous un peu !...

— Pour lors, sur le coup de neuf heures et demie ou dix heures, il est arrivé un vieux monsieur dont je ne sais pas le nom, mais que je connais bien pour le voir souvent, et qui est toujours habillé comme les *gandins* du boulevard des Italiens...

— Ce vieux monsieur allait chez madame Belzébuth ?

— Oui, puisque c'est un des clients de ma locataire. — Donc il est monté sans rien me demander, et il n'y avait pas un quart d'heure qu'il était en haut, que tout d'un coup on s'est mis à crier comme si l'on appelait au secours, et si fort que le boutiquier qui était dans son magasin au fond de la cour, et qui avait déjà fermé ses volets, a rouvert sa porte, et...

— Après ?

— Dame ! après, la jolie petite demoiselle blonde a descendu les escaliers quatre à quatre, en se laissant glisser le long de la rampe ; — elle n'avait pas son chapeau sur sa tête, — ses grands beaux cheveux blonds traînaient derrière elle ; — elle avait l'air d'une folle, tant elle était pâle. — Je lui ai tiré le cordon sans qu'elle dise *s'il vous plaît !* — comme c'est l'usage ; — elle s'est sauvée dans la rue, — mais elle n'avait pas encore eu le temps de faire vingt-cinq pas, que voilà l'un des particuliers qui l'avaient amenée, l'homme à la longue barbe, qui dégringole à sa poursuite, en l'appelant *scélérate ! gueuse ! coquine !*... et en lui donnant une quantité d'autres vilains noms que je n'ai pas retenus, et qui étaient à vous faire dresser les cheveux sur la tête ! — Alors, le vieux monsieur est descendu à son tour, mais tout doucement, et je vous réponds qu'il ne faisait pas de bruit, lui, et qu'il avait l'air capon comme la lune ! — Il est entré dans ma loge en passant, et il m'a donné cinq francs afin que je me taise ; mais du moment que monsieur vient de me donner quinze francs dans une intention diamétralement opposée, monsieur comprend bien que mon devoir était de parler...

— J'en sais assez, — dit Maurice, — et je vous remercie.

— Monsieur est content ?

— Oui.

— Allons, j'en suis tout joyeux !...

Et le concierge reprit son journal et se réinstalla dans son fauteuil.

Pendant ce temps, Maurice s'élançait rapidement dans l'escalier.

Arrivé au troisième, il sonna.

La camériste que nous connaissons vint lui ouvrir.

— Madame Belzébuth ? — demanda-t-il.

— C'est ici, monsieur ; mais madame est sortie.

— Le concierge vient de m'affirmer le contraire.

— Le concierge ne sait ce qu'il dit.

— Eh bien, si madame Belzébuth est sortie, j'attendrai qu'elle rentre.

— Monsieur risque d'attendre longtemps.

— Peu m'importe ; — tout mon temps m'appartient.

— Monsieur tient donc à voir madame pour quelque chose de très-pressé ?

— Pour quelque chose d'extrêmement pressé.

— Alors, je vais dire la vérité vraie à monsieur.

— Vous me ferez plaisir.

— Madame est à la maison...

— Je le savais.

— Mais madame s'est couchée très-tard, — il n'est que neuf heures et demie, et madame dormira tout au moins jusqu'à midi.

— Oui, si on ne l'éveille pas. — Mais on l'éveillera...

— Qui ?

— Vous, mademoiselle.

— Ah ! non, par exemple !...

— Alors, je l'éveillerai moi-même...

Et Maurice fit un mouvement indiquant qu'il se disposait à pénétrer dans l'intérieur de l'appartement.

La camériste se jeta au-devant de lui,

— A vous voir si pressé, — s'écria-t-elle, — on croirait qu'il s'agit de vie ou de mort.

— C'est que c'est à peu près cela...

— Ah ! mon Dieu !...

— Allez dire à votre maîtresse que quelqu'un désire lui parler au sujet de M. Léonidas et de mademoiselle Léontine.

— J'y vais, monsieur... — répondit la soubrette qui commençait à croire qu'il s'agissait, en effet, de quelque chose de très-grave.

Et elle disparut.

Au bout d'une minute et demie, elle revint.

— Entrez dans le salon, monsieur, — dit-elle; madame va se lever et viendra vous rejoindre dans un instant.

Maurice suivit la camériste et attendit.

Au bout d'un quart d'heure, la Belzébuth faisait son entrée.

L'entremetteuse, brusquement arrachée aux douceurs du sommeil matinal, était de la plus exécrable humeur.

Néanmoins, elle avait pris le temps de faire un peu de toilette. — Que voulez-vous, il faut bien conserver ses avantages !...

Un bonnet de dentelle, illustré de flots de rubans d'un rose vif, couvrait ses cheveux rares.

Un jupon d'acier faisait ballonner autour de ses hanches sa robe violette à dix-huit volants.

Un crêpe de Chine écarlate enveloppait son buste massif.

Ainsi attifée, — avec sa figure sillonnée et flétrie, ne conservant plus que des vestiges plaqués çà et là du rouge et du blanc de la veille au soir, — elle était hideuse et grotesque.

Le cœur de l'artiste se souleva de dégoût.

Cependant, comme après tout, si dégradée qu'elle fût, la Belzébuth était une femme, il salua.

— Puis-je savoir à qui j'ai l'avantage de parler? — demanda l'entremetteuse d'une voix aigre-douce.

— Je m'appelle Maurice Torcy.

— Connais pas...

— Je sais que vous ne me connaissez pas, mais je vous connais, moi, madame.

— Ma femme de chambre m'a dit que vous aviez à m'entretenir de choses graves...

— En effet, madame.

— Elle a cité deux noms...

— Oui, madame, — celui de Léonidas et celui de Léontine.

— Eh bien, monsieur, j'attends les choses graves que vous avez à me dire...

— J'ai à vous dire, madame, que vous êtes une méprisable créature, et qu'il ne tiendrait qu'à moi de vous mettre aujourd'hui même à la disposition de la justice.

La Belzébuth devint pâle.

— Monsieur, — s'écria-t-elle, — vous m'insultez !...

— Allons donc, madame ! — répliqua Maurice, — est-ce qu'il est possible d'insulter une misérable de votre espèce !...

— De quel droit, monsieur, venez-vous chez moi me parler ainsi ?

— Il ne s'agit pas de mes droits que je ne veux nullement discuter avec vous... — Il s'agit du crime que vous avez commis...

— Un crime !... moi... j'ai commis un crime !... — balbutia la Belzébuth, livide de stupeur et d'épouvante.

— Vous avez empoisonné Léontine.

— Moi !... moi !... — mais c'est faux, monsieur, c'est faux !...

— Cela est si peu faux que la malheureuse enfant en ce moment est chez moi, où elle se meurt...

— Monsieur, au nom du ciel, au nom de tout ce qu'il y a dans ce monde de sacré, je vous jure que je suis innocente !

— Je crois, en effet, que votre intention n'était pas de tuer Léontine, — mais vous lui avez fait prendre, pour l'endormir, un poison violent...

— Mais, non, monsieur !... jamais !... jamais !...

— Ne niez pas, madame.

— Je nie, au contraire, — je nie de toutes mes forces !

— A quoi bon ? — Un médecin a constaté le fait, — il a déclaré que ce poison était un narcotique, et que ce narcotique était *la belladone*.

Madame Belzébuth, atterrée, se tut pendant un instant.

III

L'INTERROGATOIRE

Il y eut quelques secondes de silence, puis la Belzébuth, — reprenant un peu d'assurance en voyant que son visiteur ne semblait point disposé à la faire arrêter immédiatement, — demanda :

— Mais enfin, monsieur, je n'ai pas l'avantage de vous connaître... — Pourquoi venez-vous ici m'accabler d'injures et de menaces, et que voulez-vous de moi ?...

— Je veux savoir comment et dans quel but vous avez attiré chez vous cette malheureuse jeune fille... — Je veux apprendre les moindres détails de l'empoisonnement dont elle a été victime...

— Monsieur, je vous affirme...
— N'affirmez rien, — vous allez mentir !
— Monsieur, je vous jure...
— Ne jurez rien, je ne vous croirais pas.
— Mais enfin, il faut bien que je me justifie, cependant... et comment le ferais-je si vous ne me laissez pas prononcer un seul mot...

— Ne cherchez pas à vous justifier, — cela est complétement inutile, et vous ne parviendriez point à me rendre votre dupe... Léontine se meurt, et c'est vous qui l'avez empoisonnée, — voilà un fait malheureusement incontestable et que toutes les dénégations du monde ne parviendraient point à détruire... — Laissez donc de côté toute tentative de justification. — Si vous me parlez franchement, je ne vous dénoncerai point... — Si, au contraire, vous voulez me tromper, dans deux heures ma plainte sera déposée au parquet... — C'est à vous de choisir.

L'alternative si nettement dessinée et la précision des menaces de Maurice subjuguèrent l'entremetteuse.

Elle renonça à se réfugier dans le labyrinthe des tergiversations et des faux-fuyants, et elle répondit :

— Que voulez-vous que je dise?... — Interrogez-moi, je répondrai...

— Depuis quand connaissez-vous Léontine?

— Depuis huit ou dix jours.

— Comment et par qui l'avez-vous connue?

— Par son père.

— Qui l'a amenée chez vous?

— Son père.

— Combien de fois?

— Une seule.

— Quel jour?

— Mardi dernier.

— Ils ont dîné chez vous ce jour-là?

— Oui.

— Avec qui?

— Avec M. Galimand, un intime de M. Léonidas.

— Le père d'une drôlesse qui s'appelle Paméla, n'est-ce pas?...

— Précisément.

— Et c'est pendant ce repas que vous avez mêlé un violent narcotique à la boisson de la pauvre Léontine?

— Monsieur... — balbutia l'entremetteuse.

— Encore une fois, ne niez pas! vous voyez bien que ce serait complétement inutile.

— Eh bien, j'avoue...

— Détaillez votre aveu.

— J'avoue que j'ai mis quelques gouttes d'une infusion de belladone, préparée par un chimiste de mes amis, dans le verre de la petite... — mais j'ignorais complétement qu'un danger quelconque pouvait résulter de cette boisson.

— Vous saviez cependant qu'un narcotique est toujours un poison dangereux ?

— Non, monsieur, je ne le savais pas... — D'ailleurs...

— D'ailleurs, quoi ?

— Ce n'est pas moi que vous devriez rendre responsable.

— Et qui donc ?

— C'est le père, — il était là, — il a tout vu, — il a tout approuvé...

— Je sais bien que le père est un infâme, mais cette complicité ne peut vous absoudre..

— Enfin, vous me demandez la vérité, je vous la dis.

— En donnant ce narcotique à Léontine, que vouliez-vous faire ?...

— L'endormir.

— Dans quel but ?

— Une simple plaisanterie.

— Vous mentez !

— Mais...

— Vous mentez, vous dis-je ! — vous êtes connue, madame Belzébuth, — chacun sait que vous exploitez une honteuse et hideuse industrie, — votre maison est une maison infâme, et c'était pour livrer Léontine à un misérable, que vous provoquiez un sommeil lourd et profond comme la mort !

— Non, monsieur, non, je vous jure !...

— Encore !...

— Mais...

— Ah ! vous ne voulez pas dire la vérité, — interrompit froidement Maurice en faisant deux pas vers la porte. — Eh bien soit ! — le juge d'instruction sera sans doute plus habile et plus heureux que moi...

La Belzébuth se prit à trembler.

— Restez, monsieur, — balbutia-t-elle, — restez, je vous dirai tout...

— Parlez donc, et surtout parlez vite, et plus de réticences !...

L'entremetteuse se recueillit pendant un instant, comme pour mettre en ordre ses souvenirs ; puis elle dit, tandis qu'un sourire hideux et cynique soulevait ses lèvres flétries et découvrait ses fausses dents :

— Vous savez, monsieur, et sans doute beaucoup mieux et beaucoup plus complétement que moi, combien la petite est jolie...

— Après ? — fit Maurice avec dégoût.

— Vous savez qu'elle et son père se trouvaient dans une très-profonde misère et qu'ils désiraient en sortir, ce qui est bien naturel !...

— Dame !... les épaules de l'enfant sont trop blanches et trop belles pour se contenter d'un mauvais tartan, et ses petits pieds trop mignons pour patauger indéfiniment dans la crotte...

— Prétendez-vous dire que Léontine est venue vous demander de lui faire gagner de l'argent ? — s'écria vivement Maurice.

— Oh ! non, pas précisément. — C'est le père qui, sachant que j'ai de belles connaissances et que je suis très-obligeante, est venu me supplier de lancer sa fille, comme j'ai lancé Paméla, la fille de son ami Galimand... — D'un autre côté, un homme très-riche et très-respectable, que je connais depuis fort longtemps, avait vu Léontine par hasard dans un magasin où elle a travaillé pendant quelques jours, et la trouvait à son gré... — Ah ! dame, monsieur, ne vous mettez pas en colère !... — se hâta d'ajouter la Belzébuth, en voyant que Maurice pâlissait et crispait ses mains, — vous voulez tout savoir, je vous dis tout...

— Oui... oui... continuez... je suis calme... — articula le jeune homme d'une voix enrouée par l'émotion.

L'entremetteuse poursuivit :

— Donc le vieux monsieur en question (je ne sais pas si je vous ai déjà dit qu'il était vieux) me pria de le faire souper avec Léontine... — C'était bien innocent, — j'y consentis bonnement, croyant bien agir, car je le savais très-riche, très-généreux, et je pensais qu'il pourrait faire le bonheur de la petite... — Je ne voulais que son bien, moi, à cette enfant... mais on ne m'y reprendra plus... la bienfaisance, en ce bas monde, est trop mal récompensée...

Maurice haussa les épaules avec une expression de profond mépris.

La Belzébuth continua :

— Tout serait allé comme sur des roulettes, mais il paraît que la petite avait un amour dans le cœur..; — elle ne voulait pas entendre parler de prendre un amant. — Ah ! aujourd'hui je m'explique parfaitement ses refus qui me surprenaient si fort, et croyez bien, monsieur, que si j'avais eu l'avantage de vous connaître...

— Ah çà ! — s'écria-t-il, — que voulez-vous dire ?

— Dame ! monsieur, je veux dire... ce que je dis...

— Me prenez-vous donc pour l'amant de Léontine ?

— Mais il me semble... — Dans tous les cas, ça serait toujours un compliment à vous faire...

— Eh bien, vous vous trompez étrangement.

— Comment cela ?

— Léontine n'a pas d'amant, — pas plus moi que tout autre !...

— Ma foi, tant pis pour vous.

— Léontine est sage, — complétement sage, — et elle l'a toujours été, — entendez-vous, madame ?

— Possible ! — répliqua la Belzébuth avec insouciance, — je n'ai nulle raison pour en douter... — Toujours est-il, je vous le répète, que, convaincue que j'allais faire le bonheur de l'enfant, j'avais arrangé avec son père un petit dîner à la suite duquel je devais la présenter au personnage en question...

— Quelle infamie !... — murmura Maurice qui ne parvenait qu'à grand'peine à ne point laisser éclater son indignation...

— Comme l'enfant pouvait faire des manières, — reprit l'entremetteuse, — comme j'étais même à peu près sûre qu'elle en ferait, et qu'après tout il s'agissait de son avenir, j'ai cru qu'il m'était bien permis de la forcer malgré elle à être heureuse... — C'est alors que j'ai eu l'idée de lui faire boire un peu de belladone dans son vin muscat... — L'idée, quoiqu'elle ne fût pas toute neuve, n'en était pas plus mauvaise pour cela... Mais bah !...

Maurice de plus en plus pâle, battait sur le tapis, avec le bout de son pied, la mesure d'un pas redoublé.

— Bref, pour en finir, — fit la Belzébuth, — car je vois bien que vous êtes sur les épines, — je vous dirai que, soit que le breuvage n'eût pas encore produit son effet, — soit que les forces fussent revenues à Léontine au moment de l'arrivée du digne homme qui voulait être son protecteur et son bienfaiteur, — à peine venait-il de lui prendre la main, qu'elle sortit de son engourdissement, qu'elle le repoussa, et qu'elle se mit à appeler à l'aide, si fort et si longtemps, que le diable en aurait pris les armes !... — J'ai voulu la calmer... j'ai fait mon possible pour lui expliquer les avantages de la position brillante qui s'offrait à elle et qui pourrait bien ne pas se représenter de sitôt...

— Ah bien oui !... — elle est forte comme un Turc et comme deux Auvergnats, la petite !...

— Elle m'a bousculée et elle s'est sauvée comme une folle dans les escaliers... — Son père alors l'a poursuivie, et...

— Je sais le reste... — interrompit Maurice.

— Alors, vous en savez aussi long que moi.

— Non, car je ne sais rien encore, d'une façon précise, de ce qui s'est passé avant le réveil de Léontine et tandis qu'elle était livrée sans défense à votre complice...

— Mais il ne s'est rien passé du tout...

— C'est invraisemblable...

— Ce monsieur lui a pris la main, je vous le répète, et elle s'est éveillée aussitôt...

— Ainsi, nul attentat n'a été commis ou même tenté sur elle ?...

— Je vous dis que ce cher homme lui a touché le bout des doigts, et pas autre chose.

— Est-ce bien vrai, cela ?...

— Ah ! Dieu du ciel ! j'en fais tous les serments que vous voudrez, — et que je porte ma tête sur l'échafaud si je mens d'un seul mot ! — D'ailleurs, demandez à Léontine, elle vous racontera les choses exactement comme moi-même, et vous verrez bien que je vous ai dit la vérité.

En parlant ainsi la Belzébuth avait repris son aplomb, car elle voyait qu'elle était désormais à l'abri de tout danger et que sa dernière affirmation venait de soulager d'un poids énorme le cœur et l'esprit du jeune homme.

Maurice réfléchit pendant quelques instants; puis il reprit :

— Je ne vous dénoncerai pas, mais à une condition...

— Acceptée d'avance.

— C'est que vous me donnerez un dernier renseignement.

— Lequel ?

— Il me faut le nom et l'adresse de ce misérable.

— Quel misérable ?

— Celui qui vous payait pour lui livrer Léontine.

— Son nom ?

— Oui.

— Ah ! vous me demandez l'impossible !...

— Pourquoi l'impossible ?...

— Parce que je prends à témoin tous les saints du paradis que je ne sais pas ce nom.

— Allons donc ! c'est impossible !... .

— C'est pourtant comme ça.

— Mais vous m'avez dit vous-même, tout à l'heure, que vous connaissiez cet homme depuis longtemps...

— Sans doute.

— Eh bien ?...

— Je le connais, mais j'ignore complétement comment il s'appelle... — Mettez-vous donc à ma place !... — vous avez trop d'esprit pour ne pas comprendre à merveille que tous ces messieurs les gens comme il faut, qui m'honorent de leur confiance, viennent chez moi en catimini et ne me jettent à la tête ni leurs noms, ni leurs titres... et moi, vous sentez que je suis bien trop discrète pour chercher à découvrir ce que l'on ne me dit pas... — Cependant, si vous le désirez, — et dans le but unique de vous être agréable, — je pourrai m'informer, fureter, interroger, et si j'apprends quelque chose je vous mettrai au courant... — Dites... — Cela vous va-t-il ?

— Non, — dit Maurice en se dirigeant vers la porte, — cela ne me va pas...

— Ah !...

— Je veux, à l'avenir, n'avoir aucune relation avec vous. — Vous avez répondu à mes questions, et vous avez bien fait, — mais je saurai si vous m'avez dit l'entière vérité... — dans le cas contraire, je mettrais à l'instant même mes menaces à exécution...

— Je n'ai rien à craindre, puisque je n'ai rien à me reprocher, et que d'ailleurs je m'en rapporte à votre loyauté, — répliqua la Belzébuth en reconduisant le jeune homme jusqu'à l'escalier.

— Ouf! — murmura-t-elle quand elle eut refermé la porte derrière lui, — enfin, c'est fini!... — En voilà, un assaut, et un soigné! et c'est une chance encore que la chose ait tourné comme ça!... mais je suis toute je ne sais comment et j'ai bien besoin de me remettre.

La Belzébuth rentra dans sa chambre à coucher.

— Lisa !... — cria-t-elle.

— Madame? — répondit la camériste.

— Apporte-moi un cruchon de curaçao et un flacon de marasquin... je crois que deux ou trois petits verres me feront grand bien !...

Dans le courant de cette journée, Léonidas et son inséparable ami Galimand vinrent, en gens bien élevés qu'ils étaient, rendre leurs hommages à l'honorable madame Belzébuth.

Cette dernière, mal remise des émotions de la matinée, malgré les calmants qu'elle s'était administrés sans relâche, sous forme de préparations alcooliques, reçut assez mal ses complices.

— Ah ! vous êtes encore de jolis cadets ! — s'écria-t-elle au moment où Lisa les introduisit en sa présence, — et vous avez manqué me mettre dans de fameux draps !... vous pouvez vous en vanter !...

— Qu'est-ce que c'est ?... qu'est-ce que c'est ?... — demanda Galimand tout étonné.

— De quoi z'est-il donc, Dieu possible, qu'il retourne ?... — fit Léonidas.

— Il y a qu'il est venu ce matin un olibrius qui m'a donné la plus belle chasse que jamais de la vie une femme de mon sexe ait reçue !...

— Rapport z'à quoi, Seigneur mon Dieu ?

— Rapport à Léontine donc !...

— Si c'est possible !... — fit Léonidas. — Oh ! la guerdine ! — racontez-moi donc ça, maman !...

— Voilà la chose...

Et l'entremetteuse narra dans ses plus grands détails toute la scène à laquelle nous venons de faire assister nos lecteurs.

Galimand, en écoutant ce récit, changeait

de figure et tremblait de tous ses membres.

— Eh bien, qu'est-ce que vous avez donc ?— lui demanda la Belzébu.

— Si cependant z'il allait porter plainte..., — fit-il d'une voix éteinte, — nous serions propres !...

— Il n'y a pas de danger.

— Faudrait voir !... — Moi, d'abord je ne suis z'en aucune façon rassuré...

— Eh ! soyez donc tranquille, poltron !... — Je vous répète que nous ne risquons absolument rien...

— Eh !... eh !...

— Voyons, raisonnons un peu... — Ne comprenez-vous pas que ce mirliflore est l'amant de la petite ?

— Ça, c'est clair.

— Il en est toqué.

— D'accord.

— Eh bien, pour nous accuser, il faudrait qu'il traînât sa maîtresse dans la boue, et je vous garantis qu'il ne s'y décidera pas... — Ah ! si la mijaurée était restée ici seulement deux heures de plus, et si le vin muscat avait mieux fait son effet, je crois bien qu'il y aurait eu pour nous, au bout de tout ça, pas trop mal de désagréments... — Mais, par bonheur, ce vieil invalide de père Vaunoy n'est pas entreprenant, et pour cause... C'est encore une chance, ça, — n'est-ce pas, Léonidas ?...

— Oui, — répondit l'ex-modèle d'un air sombre.

— Eh ben ! eh ben !... — qu'est-ce que tu as donc, ma vieille ? — demanda Galimand, rassuré de façon complète par l'inattaquable logique des raisonnements de la Belzébuth.

— J'ai que cet artiste n'a pas le sou, et que me v'là z'encore jusqu'au cou dans la panne z'et dans la crotte !...

— Bah ! t'as toujours les cent louis que le banquezingue a lâchés ?...

— Oui, mais après ?...

— Ah ! dame !... après !...

IV

LES TROIS COMPLICES

— Plus rien !... — reprit Léonidas avec amertume et avec colère... — plus rien !... — Oh ! ce rapin de malheur !... — si je l'avais z'évu entre quatre z'œils dans z'un simple coin des carrières Montmartre, sur le coup des *méniut*, z'une heure du matin, z'au lieu de le voir dans son atelier, z'au sein de son intérieur, il ne nous z'aurait pas gêné longtemps !...

— Ah ! dame ! ah ! dame ! — fit la Belzébuth avec un soupir expressif, — faut avouer que nous n'avons pas la chance pour nous !...

— Coquin de sort ! — cria Galimand.

L'entremetteuse poursuivit :

— Nous ratons une superbe affaire...

— Un véritable coup de fortune ! — fit Galimand.

— Vaunoy est si généreux !...

— Il l'a bien prouvé, le digne banquezingue.

— Il était toqué, oh ! mais, là, complétement toqué de la petite, — continua la Belzébuth, — il voulait en faire sa maîtresse en titre, et l'entretenir dans le grand chic.

— Tonnerre ! — hurla Léonidas, — vous me démolissez l'âme !...

— Et, — reprit l'entremetteuse, — vous comprenez, mes bons amis, que, comme il est marié et grand-père, il n'aurait pas pu s'occuper ostensiblement de la petite... — c'est moi qu'il aurait chargée du mobilier, de la toilette, des bijoux, et je vous réponds que nous aurions grapillé sur tout ça pas mal de jolis billets de mille à partager entre nous trois...

L'ex-modèle ne dit rien, mais il se donna dans le crâne deux ou trois coups de poing furibonds, et il prit sa longue barbe à deux mains, comme s'il voulait se l'arracher

Hâtons-nous, d'ailleurs, d'affirmer que cette intention (si elle était la sienne en effet) ne fut point suivie d'exécution.

— Sans compter, — acheva la Belzébuth, — que la petite est mineure, — que Léonidas, de temps à autre, aurait fait mine de n'être pas content et de montrer les dents, et que nous nous trouvions avoir ainsi sous la main les éléments d'un chantage très-productif... — Vous voyez que ce n'étaient pas les cordes qui manquaient à l'arc...

— Ah ! c'est malheureux !... — c'est bien malheureux !... — gémit Galimand d'un ton lamentable... — Nous avons tué la poule aux œufs d'or.

— Comme ça ! — hurla Léonidas parvenu au paroxysme de la fureur, — il me faudra donc crever de faim comme un chien galeux, z'ou travailler comme un cheval de citadine, parce qu'un méchant barbouilleur de quatre sous z'est amoureux de ma fille ? — C'est-y juste, ça, oui z'ou non ?

— Une idée !... — fit Galimand tout d'un coup.

— Vous avez une idée, vous ? — demanda la Belzébuth.

— Et une assez fameuse, encore.

— Voyons l'idée...

— Le rapin nous menace, — est-il pas vrai ?...

— Oui.

— Eh bien, menaçons-le à son tour.

— De quoi?...

— D'un procès, parbleure !... — l'enfant z'est mineure... — pour la garder il aboulera des *noyaux*...

La Belzébuth hocha la tête d'un air dubitatif.

— Tiens ! — fit Galimand, — z'il me semble, moi, que ça se peut très-bien...

— Eh ! non, ça ne se peut pas ! — répliqua Léonidas avec découragement.

— A cause ?...

— Pour deux raisons...

— Lesquelles ?

— La première... mais, la première, je n'ai pas besoin de vous la dire...

— La seconde, alors ?

— La seconde... ah ! ma foi, tant pire, allons z'y carrément...

— Eh bien ?...

— Eh bien, la seconde, c'est que Léontine ne m'est de rien... pas plus qu'à Galimand, z'ici présent...

Galimand et la Belzébuth poussèrent une clameur d'étonnement.

— Eh quoi ! eh quoi ! — s'écria le père de

mademoiselle Paméla, — Léontine n'est point ta fille?...

— Non.

— Qu'est-ce que tu nous chantes là?

— La vérité, parbleure!...

— Allons donc!

— Cré coquin! quand je vous le dis, me croirez-vous?

— Ah! dame!... c'est que l'anecdote est z'invraisemblable, ma pauvre vieille...

— Jusqu'au *jor d'aujord'hui* j'ai caché ça z'à tout le monde, z'et si je vous l'insinue dans le tuyau, c'est que je suis bien sûr que vous ne me dénoncerez pas...

— As pas peur, z'et va toujours... — Mais d'où donc que vient l'enfant?... — L'aurais-tu donc, par l'hazard des z'hazards, récoltée dessous un chou?...

— Il y a dix-huit ans, z'à peu près, j'ai trouvé l'enfant dans la rue, z'au coin d'une borne; — elle pouvait z'avoir un an ou quinze mois... — j'ai toujours eu dans l'idée qu'on l'avait z'égarée exprès...

— Mazette! — s'écria Galimand. — Et tu t'es z'empressé comme ça de te mettre une moutarde sur les bras! — En v'là z'un être sensible *philantropepique* que cet être-là!

— Imbécile !...

— Dame ! il me semble...

— A cette époque, je venais de faire une longue maladie z'et je sortais de l'hôpital... j'étais jaune comme un citron z'et maigre comme un *esquelette*... — Je pensai qu'avec un *môme* sur les bras, comme tu dis, j'aurais plus de chance de monter le coup z'aux bourgeois z'et d'attendrir la charité des bonnes âmes compatissantes... — Ça me réussit z'assez bien pendant queq'-temps, puis, z'après, je repris mon ancien état de modèle, z'et j'aurais lâché la petite si je ne m'étais z'aperçu qu'en grandissant z'elle promettait de devenir aussi jolie que les z'amours z'et que Vénus leur mère... — Je m'dis qu'après m'avoir donné du pain z'à trois ans, l'enfant me donnerait mieux que ça quand elle en aurait dix-sept... — Bref, je comptais sur elle pour me tirer z'un jour de la crotte...

— C'était pas bête ! — fit Galimand d'un air approbateur.

— Vous comprenez bien, — poursuivit Léonidas, — vous comprenez que Léontine ne se doute de rien... Si Léontine savait qu'elle n'est point z'à moi par les liens du sang, z'elle me flanquerait là radicalement z'et décanillerait lestement... Mais vous comprenez z'également que nous ne pouvons pas faire grand'chose pour la contraindre z'à revenir avec moi... — il faudrait montrer à mossieu le commissaire z'un acte de naissance sur chiffon timbré... z'et l'objet manque...

— Cré guignon !... nom d'un nom ! — dit Galimand... — c'est-y tannant !... c'est-y vexant !...

— Ah ! si j'avais pas z'évu la fichue idée de l'envoyer poser chez ce galopin de sans le sou ! — Mais qui pouvait s'imaginer que ça tournerait comme ça ! — L'artiste z'est beau garçon, z'et je me figurais que ça dégourdirait z'un peu la petite...

— Bah !... — murmura philosophiquement Galimand... — faut pas désespérer encore...

— Ah ! tu trouves ?...

— Oui, ma vieille... — Laissons-la d'abord se guérir... puisqu'il paraît qu'elle est très-malade... — nous verrons z'après...

— Galimand est un sage, — dit la Belzébuth ; — l'artiste en question est un homme superbe, — il doit être couru des femmes, — il ne sera pas fidèle ; — au besoin je me mêlerai de la chose...

— C'est ça, — interrompit Galimand, — vous lui expédierez Paméla... — pauvr'chatte !

elle se sacrifiera de bien bon cœur pour son papa...

L'entremetteuse poursuivit :

— La petite, se voyant délaissée, voudra pleurer, gémir, faire des scènes ; — il la flanquera à la porte, et le chagrin nous la ramènera...

— Je parierais cent sous contre un œuf gâté, — fit Galimand, — que ça se passera tout justement comme ça...

— Seulement, il faut être prudent, veiller à tout et profiter de tout...

— Soyez paisible... on ouvrira ses œils !...

— Est-ce que vous croyez que le banquezingue nous reviendra z'aussi, lui ? — demanda Léonidas.

— Lui ! le digne homme !... — mais je le crois bien qu'il nous reviendra ! — Je vous dis qu'il est pincé comme une vieille bête qu'il est !... — A son âge, l'amour, ça tient plus ferme que chez les jeunes !... — Je lui monterai un joli coup ! — je lui ferai une bonne histoire pour expliquer la scène de l'autre jour et la disparition de la petite... il n'y verra que du feu... —

— Et puis, si par impossible il manquait à l'appel, on en trouverait un autre... deux autres... dix autres... — Faute d'un saint, l'église ne chôme pas !... — Léontine est trop jolie pour manquer d'amoureux, et d'amoureux généreux !... c'est moi que je vous en réponds.

— Vous me coulez z'un peu de miel dans l'âme... — dit Galimand, dont la sombre tristesse se dissipait sous le charme des paroles de la Belzébuth.

— Oui... oui... — consolez-vous, — reprit cette dernière, — je vous promets d'arranger les choses, et que vous serez content, foi de Belzébuth et d'honnête femme...

— Dans ce cas-là, tout est bien, z'et vive la charte !...

— Oui, mais en attendant, il ne faut pas me gêner avec vous, n'est-ce pas, mes amis ?

— Parbleure !...

— Eh bien, vous êtes de trop ici pour le quart d'heure... — j'attends un vieux tourtereau et une jeune colombe, et vous me ferez un sensible plaisir en débarrassant le plancher...

— Ça suffit !... *on s'esbigne !*... — Changeons-nous en cerfs, Galimand !... — Z'au revoir, la mère des amours...

V

DIVAGATIONS ET TRANSITIONS. — UN PASTEL DE GIRAUD. — LÉONTINE.

Les deux amis quittèrent ensemble le logis de l'entremetteuse et marchèrent pendant quelques minutes silencieusement à côté l'un de l'autre dans la rue.

Tout à coup Léonidas poussa une joyeuse et soudaine exclamation.

— Eh bien ? eh bien ? — demanda Galimand, — qu'est-ce que t'as donc z'à glousser comme ça ?...

— Il vient de me passer une idée...

— Bah ! à toi z'aussi !...

— Tiens ! chacun son tour... — z'et la mienne,

sans vouloir te débiner, vaut mieux que la tienne...

— Voyons voir...

— Pas possible dans la rue...

— A cause ?...

— A cause... que c'est des mystères z'un peu compromettants...

— Pour lors, entrons chez le marchand de vin.

— Ça va.

— Tout en trinquant, tu me glisseras la chose en douceur...

— Oui, mais faudra taire ton bec z'au vis-à-vis de la Belzébuth...

— On sera muet comme un poisson.

— Tu comprends, nous n'avons plus besoin de la brave femme, maintenant que nous savons le nom z'et l'adresse du banquezingue.

— C'est juste.

— Sois calme ! z'avant qu'il soit peu, nous récolterons des noyaux comme si qu'il en pleuvait...

— Vrai ?

— Foi de Léonidas !...

— Nous voici z'aux *Barreaux verts*... — z'entrons-nous ?

— Oui. — Demandons z'un cabinet, z'et tu sauras tout ; mais *motus* !...

— As pas peur donc, cré coquin !... me prends-tu pour un enfant ?...

Quelques minutes après, Léonidas et Galimand trinquaient de compagnie et se livraient à voix basse à une conversation très-animée et sans doute fort intéressante, dont nous ne tarderons pas beaucoup à connaître les résultats.

Si, au lieu d'écrire ces pages dans la seconde moitié du dix-neuvième siècle, nous étions encore à cette heureuse époque où les bergerades de M. le chevalier de Florian, capitaine de dragons, faisaient concurrence aux mignardes poésies de Dorat et aux œuvres galantes de Boufflers et de Parny, nous placerions ici une très-poétique invocation aux rayons si doux des premiers soleils printaniers.

Nous aurions le droit, cinq ou six feuillets durant, d'émailler notre prose de la description, non moins ennuyeuse que fleurie, des feuilles timides des boutons de rose faisant craquer leur enveloppe verdoyante.

Nous hasarderions une comparaison anacréontique entre ces boutons parfumés et les roses naissantes du sein charmant d'une bergerette endormie *sur la fougère* ou *sur la coudrette* (style du temps).

Nous laisserions flâner notre plume diffuse tout au beau milieu des bosquets de jasmins odoriférants et de chèvre-feuilles aux pétales délicats.

Nous foulerions d'un pied bucolique les gazons verts tapissés de marguerites et de boutons d'or.

Nous dirions le zéphyr libertin effleurant les grands lis, les lilas et les tubéreuses, pour aller caresser d'un souffle plus parfumé les corps charmants des nymphes demi-nues, dénouant leur chevelure d'une main nonchalante et lascive.

Nous raconterions enfin, — et non certes sans succès, — les amours des papillons coquetants avec les primevères et les fleurs de l'oranger !

Mais, hélas ! il n'est plus ce temps, cet heureux temps où le romancier aux abois pouvait glisser un peu de fade et doucereuse poésie dans son livre sans avoir la certitude de faire bâiller ses indulgents lecteurs et ses charmantes lectrices, — où la phrase redondante et creuse remplaçait l'action absente, et où la mythologie et l'allégorie venaient d'elles-mêmes et sans effort au secours de l'imagination paresseuse ou fatiguée.

Aujourd'hui, hélas! de même que le fougueux Danton criait jadis à ses concitoyens :

— *De l'audace! de l'audace! et toujours de l'audace!*

De même le public nous crie, à nous autres romanciers :

— *De l'action! de l'action!... et toujours de l'action!*

Qu'elles sont loin de nous ces pompeuses et faciles descriptions qui firent le succès et la fortune de plus d'un écrivain de nos devanciers!...

Qu'ils sont loin les débuts poétiques, sous forme d'invocation, d'ode ou de dithyrambe, en tête de chaque chapitre!...

A peine le lecteur consent-il à subir, çà et là, de loin en loin, quelques bribes de réflexions philosophiques, — et encore faut-il un grand et réel talent de la part de l'auteur pour les lui faire accepter.

Mais que le goût de notre époque soit bon, médiocre, ou mauvais, il faut nous conformer à ce goût ; — c'est notre devoir et c'est aussi notre volonté.

Bien plus, faisons amende honorable et avouons très-humblement et très-naïvement que le but unique du préambule qui précède était d'amener une ingénieuse transition pour dire à nos lecteurs que, depuis la dernière scène racontée par nous, quatre mois se sont écoulés.

Les personnages de notre récit ont traversé les brumes glaciales de la fin de l'hiver, pour arriver à la douce et bienfaisante température des premiers jours de ce *joli* mois de mai, qui, depuis quelques années, a mérité si mal l'épithète que nous voulons cependant lui conserver généreusement.

Donc nous sommes au commencement de mai, et, par extraordinaire, le ciel est pur, le soleil radieux et l'air embaumé.

Une lumière vive et radieuse éclaire splendidement l'atelier de notre ami Maurice Torcy.

Les armures, les trophées, les bronzes, les statuettes, les études, les tapisseries, les riches étoffes, se détachent vigoureusement sur le ton grenat du papier velouté de la tenture.

Maurice, assis devant son chevalet, termine un délicieux pastel, digne de rivaliser avec les plus adorables créations de Giraud.

Et ce n'est pas peu dire, — car Giraud, — comme peintre de pastels, — peut supporter le parallèle avec ses plus illustres devanciers et dépasse ses contemporains.

Tenez, j'ai là devant les yeux, — au-dessus de la table de vieux chêne sur lequel j'écris ces pages, — un pastel de Giraud qui est l'une des plus merveilleuses choses que je connaisse, et que, certes, je refuserais à celui-là même qui le couvrirait littéralement de billets de banque.

C'est une jeune fille ; mais, à coup sûr, ce n'est pas une *vierge*.

Elle a dix-huit ans à peine, — et, comme la Madeleine, elle a déjà beaucoup aimé.

Ses immenses cheveux bruns, tout défaits autour de sa tête adorable, caressent de leurs masses légèrement ondés son épaule ronde et ferme.

Sa joue s'appuie sur sa main droite, perdue à moitié dans ses cheveux.

Sa main gauche, distraite, a laissé tomber la chemise transparente et garnie de dentelles qui faisait semblant de voiler sa gorge, et laisse voir son sein gauche, dont M. de Parny aurait célébré en deux cent cinquante vers brûlants les miraculeuses beautés.

Et tout cela, c'est de la chair qui vit et qui palpite ; — le sang circule dans les veines, — la peau est moite et veloutée, — les cheveux flottent, — le sein bat.

C'est le beau idéal de la vérité dans l'art.

A quoi pense cette jeune fille?

A l'amour.

Ses yeux ravissants et sa bouche tentatrice disent la volupté qui vient, ou la volupté qui s'en va.

Elle attend où elle se souvient...

Bienheureux celui qui te quitte, — belle enfant au regard de sirène et au sourire de ménade!...

Mais plus heureux cent fois celui qui va venir...

Le pastel de Maurice Torcy était d'ailleurs aussi chaste que celui de Giraud est voluptueux.

On y trouvait, idéalisés et poétisés encore, tous les traits de la beauté si fine, si saisissante, si angélique en quelque sorte de Léontine.

La jeune fille était-là, pâlie encore par les souffrances d'une terrible maladie, — brisée par les fatigues d'une longue convalescence.

Elle était à demi couchée dans un immense et profond fauteuil. — Un oreiller de soie bleue, placé derrière sa tête, faisait encore ressortir la prodigieuse délicatesse de son teint et le ton si franc et si doux de ses cheveux d'un blond cendré, formant de grosses nattes de chaque côté de ses tempes.

Léontine ne portait plus l'humble petite robe de laine à carreaux avec laquelle nous l'avons vue venir pour la première fois dans l'atelier de Maurice.

Une élégante robe de chambre de cachemire gris-perle, aux revers et aux parements de soie violette, drapait ses plis onduleux autour de sa taille fine et souple.

Ses petits pieds étaient chaussés de mignonnes babouches turques, en velours bleu sombre tout constellé de paillettes d'or et d'argent, et de grains d'ambre et de corail.

Ses bras amaigris, mais d'une forme toujours irréprochable, s'échappaient d'un flot de dentelles dont ils faisaient jaunir la blancheur par la comparaison.

Des nœuds de rubans bleus, coquettement placés dans les nattes de sa chevelure, donnaient à sa coiffure une originalité charmante.

VI

MAURICE ET LÉONTINE

Les yeux doucement rêveurs de Léontine se fixaient sur Maurice qui travaillait à quelques pas d'elle, et ne se détournaient pas un instant de lui.

Le reflet d'un bonheur surhumain, d'un de ces bonheurs que Dieu, parfois, accorde à quelques élus en ce monde, éclairait le front du jeune artiste, et lorsqu'il levait la tête pour contempler son gracieux modèle, un sourire enivré venait effleurer ses lèvres, — sourire que les lèvres rosées de la jeune fille lui renvoyaient aussitôt.

Tout à coup Léontine rompit le silence qui régnait dans l'atelier.

— Aurez-vous bientôt terminé ? — demanda-t-elle.

— Oui, chère enfant, bientôt, — répondit Maurice. — Mais pourquoi cette question ? — Est-ce que vous vous sentez fatiguée ? — Dites-le-moi bien vite, car, dans ce cas, nous interromprions à l'instant même mon travail, et nous remettrions la fin de la séance à demain...

— Fatiguée, monsieur Maurice, — répéta Léontine. — Oh ! non, pas du tout... D'ailleurs, comment me fatiguerai-je en posant ainsi !...

— Léontine, je vais vous gronder ! — s'écria l'artiste.

— Vous allez me gronder ?

— Oui.

— Pourquoi donc ?

— Parce que vous êtes oublieuse ou méchante, mademoiselle...

— Oublieuse ! méchante ! moi !...

— Certes !...

— Et pourquoi donc ?

— Est-ce qu'il n'a pas été convenu, entendu et parfaitement arrêté entre nous, que, désormais, les cérémonieuses appellations de *monsieur* et de *mademoiselle* seraient complétement supprimées dans nos conversations intimes ?

— C'est vrai...

— Eh bien?...

— Mais, mon ami, il me semble...

— Il vous semble fort mal, — interrompit l'artiste ; — vous venez, à l'instant même, de m'appeler encore *monsieur Maurice* !

— Croyez-vous?...

— J'en suis sûr, oh! parfaitement sûr, — et vous aussi. Allons, soyez franche! n'est-ce pas que vous savez bien que vous venez de manquer à nos conventions?

— C'est que... c'est que...

— Voyons... c'est que?...

— Je... je n'ose pas...

— Vous n'osez pas! — s'écria Maurice en quittant son travail et en venant s'agenouiller devant Léontine, dont il prit une des mains dans les siennes, — et pourquoi n'osez-vous pas?... — Je suis donc bien terrible et je vous fais donc bien peur?

— Ce n'est pas cela...

— Qu'est-ce donc, alors?...

— C'est que... cette familiarité...

— Vous blesse, peut-être?...

— Oh! comme c'est mal ce que vous dites là! — répliqua la jeune fille en prenant à son tour les deux mains de Maurice et en les serrant dans les siennes. — Vous ne pouvez pas le croire !...

— Enfin, dites votre pensée...

— Vous savez bien, mon ami, que jamais, dans mon existence d'autrefois, je n'avais goûté même en rêve ce bonheur dont vous m'entourez ici... — Ne vous dois-je pas tout? — ne m'avez-vous pas protégée? — ne m'avez-vous pas recueillie? — ne m'avez-vous pas sauvée? — n'êtes-vous pas mon frère, enfin?

— Pourquoi me rappeler tout cela?...

— Laissez-moi parler, Maurice... — je veux répondre à votre reproche de tout à l'heure. — Depuis que je suis guérie, vous ai-je désobéi en quoi que ce soit? — Quand le médecin m'a permis de quitter le lit où je souffrais depuis si longtemps, et que j'ai demandé ma pauvre petite robe de laine, ai-je donc refusé de revêtir les trop riches toilettes que vous aviez fait préparer pour moi? — J'ai fait ce que vous me demandiez, et je l'ai fait avec joie, — oh! pas par coquetterie, mais parce qu'il me semblait que c'eût été mal reconnaître votre bonté touchante, que de refuser vos attentions si délicates et si douces... — Vous avez tenu à me laisser installée dans votre chambre, tandis que vous partagiez l'appartement de votre ami Gilbert...

— Ai-je fait une objection, seulement? — Enfin, vous voulez me traiter comme si j'étais votre sœur... — est-ce que je ne vous appelle pas *mon frère*?... est-ce que je ne vous aime pas comme un frère? — Dites, qu'avez-vous donc à me reprocher?...

— J'ai à vous reprocher, chère Léontine, de me parler sans cesse de votre reconnaissance...

— Et de quoi vous parlerais-je?

— De tout, excepté de cela.

— Comment pourrai-je vous remercier jamais assez de ce que vous avez fait pour moi?

— En ne me remerciant pas, et en me répétant souvent que vous êtes heureuse...

— Oh! oui, certes!... heureuse!... je suis heureuse! bien heureuse!... — dit la jeune fille en cédant à un attendrissement involontaire, tandis que quelques douces larmes roulaient sous ses longs cils et tombaient sur les mains du jeune homme.

Maurice, lui aussi, était profondément ému.

Il se releva lentement, — il fit quelques pas à travers l'atelier, puis il revint s'agenouiller auprès de l'adorable enfant qui le suivait de son beau regard mouillé de pleurs.

— Léontine, dit-il d'une voix douce et basse, — je vous en prie, je vous en supplie, ne me parlez jamais de reconnaissance... j'ai une raison pour vous demander cela...

— Une raison... laquelle?...

— Si l'un de nous deux doit de la reconnaissance à l'autre, c'est moi qui suis votre débiteur.

— Vous, Maurice!... — murmura la jeune fille en souriant.

— Oui, moi.

— Vous conviendrez que cela n'est pas vraisemblable...

— C'est pourtant de la plus exacte vérité.

— Je serais curieuse de vous entendre me prouver cela!...

— Rien de plus facile.

— Je vous écoute.

— Vous dites que vous êtes heureuse, n'est-ce pas?...

— Et Dieu sait que c'est la vérité!

— Eh bien, croyez-vous donc que ce ne soit rien de voir auprès de soi une pauvre et chère enfant, si injustement malheureuse pendant tant d'années, et d'entendre cette enfant dire, de sa voix si douce, qu'elle vous doit un peu de bonheur...

Oh! si vous saviez comme le cœur bat joyeusement à écouter de telles paroles!...

Si vous saviez comme cette pensée que l'on contribue au bonheur de quelqu'un remplit l'âme de délices inconnues!...

Alors, l'intelligence s'élève et s'agrandit, — les nobles facultés se décuplent, — le présent paraît riant et l'avenir lumineux!...

Cette seule pensée, voyez-vous, Léontine, qu'en rentrant au logis vous allez trouver un doux sourire qui vous accueillera, — un regard amical qui se croisera avec le vôtre, — une main dévouée qui se tendra vers vous, — un cœur, enfin, qui battra parce que vous l'aurez empêché de se glacer... — cette seule pensée, je vous le jure, centuple les forces d'un homme et lui donne la conscience noblement sincère de sa propre valeur...

Alors plus de fatigue, plus de souffrance, plus de découragement, plus de doute!... et cela, Léontine, cela pour l'artiste, c'est le bonheur de l'existence, — c'est l'âme du talent, — c'est l'éclair du génie!...

Aussi, croyez-le bien, et d'ailleurs vous n'avez qu'à regarder pour le voir, — aussi, depuis six semaines que vous pouvez venir vous asseoir auprès de moi, j'ai fait plus de progrès que je n'en avais fait depuis deux ans!...

La lutte ne m'effraye plus, — loin de l'éviter, je l'appelle, — le travail m'est plus cher et j'ai foi dans la victoire !...

Oui, je le sens, — et ce n'est point de ma part un orgueil insensé, — moi aussi je deviendrai un grand artiste, et c'est à vous que je le devrai, Léontine !...

Peut-être me devez-vous la vie, c'est vrai...

Mais je vous dois, moi, dans le présent, le courage, la foi, la persévérance, — je vous devrai dans l'avenir l'éclat du nom et peut-être l'immortalité !...

Vous voyez donc bien que c'est moi qui suis votre débiteur, — et que vous avez tant fait pour moi, que je ne pourrai jamais m'acquitter !...

VII

AMOUR

— Maurice!... Maurice!... que vous êtes bon!... — vous êtes bon comme Dieu lui-même... balbutia Léontine en attachant ses beaux regards remplis de larmes de joie sur le jeune homme toujours agenouillé devant elle.
— Eh! — continua l'artiste avec l'ardent enthousiasme habituel à sa nature si riche et généreuse, — n'êtes-vous donc pas, Léontine, le bon ange de mon logis?... — Voyez, depuis que vous êtes ici, les commandes abondent... — il y a trois mois, l'argent commençait à me manquer, — déjà je songeais à aller trouver mon notaire et à faire une brèche à mon hum-

ble patrimoine, lorsque tout à coup, une vieille toile, peinte en Italie, sur laquelle je ne comptais plus et que j'avais complétement oubliée chez un marchand de tableaux, honnête par hasard et par exception, trouve un acheteur inespéré... et quel acheteur ! un riche Anglais à qui l'intérieur d'*osteria* reproduit par moi rappelait un souvenir, et qui, sans marchander, paye cette toile quatre mille francs, c'est-à-dire trois fois plus qu'elle ne valait !... — Et ce n'est pas tout : — depuis lors, trois pastels m'ont fait encaisser deux mille deux cent cinquante francs, et je ne sais plus où donner de la tête pour venir à bout de satisfaire les marchands de tableaux qui me harcèlent et se disputent la moindre ébauche... — Léontine... Léontine, en entrant ici vous avez amené le bonheur... — ne vous étonnez donc plus de le trouver dans votre cœur !... — Si vous vouliez partir, vous l'emporteriez avec vous !...

— Et cependant, mon ami, balbutia la jeune fille, — je ne puis rester éternellement ici...

— Pourquoi cela ?... — n'êtes-vous pas libre ?..

— Et mon travail ?...

— Et mes pinceaux ?...

— Il ne faut pas user vos pinceaux pour moi, Maurice... ils ne sont pas à vous...

— Et à qui donc? — demanda le jeune homme profondément étonné.

— Ils sont la dot que vous apporterez un jour à celle qui sera votre femme...

— Ma femme... — répéta Maurice en attachant sur Léontine un long et profond regard.

— Sans doute... — Un jour, mon ami, vous vous marierez... du moins je le crois...

Maurice garda le silence pendant quelques instants. — Il semblait réfléchir.

Puis il murmura :

— Peut-être avez-vous raison, Léontine...

— Non pas peut-être, mais certainement.

— Oui, un jour, je me marierai...

— Vous voyez bien...

— Et ce sera bientôt, peut-être...

— Et vous aurez agi sagement et noblement, mon ami, le jour où vous aurez fait le bonheur d'une jeune fille digne de vous... — répondit Léontine d'une voix lente et sourde, et en pâlissant, mais en se roidissant contre la souffrance aiguë qui venait tout à coup de la mordre en plein cœur.

Il y eut un nouveau et plus long silence.

Au bout d'environ quatre ou cinq minutes, l'expression de la physionomie de Maurice changea complétement. De pensive et sérieuse qu'elle était depuis quelques instants, elle devint ouverte et joyeuse.

Le jeune homme demanda en souriant, et en reprenant la conversation précisément à cet endroit où elle s'était arrêtée :

— Vous croyez donc que je serai bon mari ?

— Oh ! oui !... — murmura Léontine avec un soupir involontaire.

— Et je le crois aussi, moi, car on est toujours un bon mari quand on aime sa femme, et je n'épouserai qu'une jeune fille que j'adorerai de tout mon cœur et de toute mon âme...

— Mais... la trouverez-vous... cette jeune fille ?...

— Oui, car je l'ai trouvée déjà.

— Ah ! — fit Léontine, qui sentit à ces mots un froid mortel se glisser dans ses veines, tandis qu'un tressaillement nerveux secouait et rendait douloureuses toutes les fibres de son corps, depuis la plante des pieds jusqu'à la racine des cheveux.

— Je l'ai trouvée, — répéta l'artiste qui semblait ne pas voir la pâleur croissante et la terrible émotion de la jeune fille, — je l'ai trouvée... mon choix est fait...

La pauvre enfant rassemblait toutes ses forces, — ses lèvres soudainement blanchies ébauchèrent un sourire qui voulait être gai et qui n'était que navrant, et elle demanda :

— Est-elle jolie ?...

— Charmante.

— Grande ou petite ?

— De moyenne taille.

— Brune ou blonde ?

— Blonde comme Vénus et comme les blés...

— Est-elle bonne ?...

— La bonté même.

— Riche ?...

— Non, — mais elle le sera, car je travaillerai pour deux...

— Oui... oh !... oui... elle sera heuseuse... — balbutia Léontine, — mais vous voyez bien qu'il faut que je m'en aille d'ici...

— Pourquoi donc ?...

— Mais... cette jeune fille ?...

— Eh bien, elle vous aimera, et vous l'aimerez...

— Jamais... jamais !... — s'écria involontairement la pauvre enfant, se trahissant ainsi malgré elle.

— Et qui vous empêchera de l'aimer ?...

Léontine ne répondit pas.

— Eh bien, — reprit Maurice, — votre rolonté sera faite; mais, au moins, vous ne partirez pas avant de la reconnaître.

Léontine se leva brusquement et tout d'une pièce comme si elle avait été mue par un ressort, et son ravissant visage décomposé prit une expression de profond effroi.

— Quoi!... — demanda-t-elle avec une vivacité effarée, — va-t-elle donc venir chez vous?

— Non.

— Eh bien, alors?...

— Mais je puis vous montrer son portrait.

— Ah! son portrait... vous l'avez fait...

— Oui.

— Ressemblant?

— Oui.

— Il y a longtemps?...

— Il y a très peu de temps, au contraire.

— Pendant ma maladie, alors?...

— Non — depuis...

— Je comprends... — balbutia Léontine d'une voix indistincte, — quand vous sortiez, vous alliez... chez elle...

— Enfin, ce portrait, — voulez vous le voir?...

La jeune fille appuya sa main droite sur son cœur défaillant, comme si elle eût espéré le contenir en le pressant ainsi.

II. 3

Puis elle répondit :

— Oui, je le veux...

Maurice saisit le pastel qu'il était en train d'achever, — et mettant un genou en terre devant Léontine, il le lui présenta en disant :

— La reconnaissez-vous ?

La jeune fille retomba en arrière, comme foudroyée, dans le fauteuil qu'elle venait de quitter.

— Moi !... — cria-t-elle, — moi !... moi !... répéta-t-elle deux fois encore.

— Oui, vous, Léontine !... vous, le bon ange que Dieu a placé sur ma route !...

La pauvre enfant n'entendait plus.

Ses yeux s'étaient fermés, — son cœur ne battait plus, — elle venait de s'évanouir.

Mais cet évanouissement, causé par une joie trop vive et trop inattendue, dura peu.

Maurice, en lui baisant les mains, la ramena bien vite à elle-même.

— Oh ! — fit-elle en cachant sa tête dans ses mains, aussitôt qu'elle eut repris connaissance, — c'est impossible... impossible !...

— Impossible !... et pourquoi ?... — Ne suis-je pas libre et seul au monde ?... Ai-je des parents qui puissent se croire le droit d'influencer ma détermination ou de désapprouver mon choix?

— Non Maurice, non, mon ami... — répétait Léontine, — cela ne se peut pas...

— Mais, encore une fois, pourquoi?...

— Pourquoi, Maurice?... Parce que, si vous oubliez trop le passé, je me souviens, moi... — Songez-vous à ce qu'est l'homme dont je suis la fille?... — Songez-vous que j'ai été élevée dans la plus honteuse lie du peuple!... — que je n'ai reçu aucune espèce d'éducation, même la plus superficielle! — que j'ignore toutes les habitudes et tous les usages du monde? — Songez-vous enfin, et surtout que j'ai été, que je suis encore un *modèle*, et que, pour tout le monde, qui dit *modèle*, dit fille perdue!...

— Eh! que nous importe ce que l'on peut dire?...

— On ne croira pas à ma sagesse! — poursuivit la jeune fille, — on niera mon cœur!... — on me traitera d'habile aventurière, — on vous traitera, vous, de triste dupe!... — Votre mariage vous fermerait toutes les portes, et vous verriez bientôt toutes les mains se détourner de vous...

— Léontine, au nom du ciel!... — Léontine, au nom de mon amour!... je vous en supplie à deux genoux, ne parlez pas ainsi!... — vous ne savez pas, vous ne pouvez pas savoir le mal que vous me faites!... — s'écria Maurice devenu aussi pâle que la jeune fille l'était un instant auparavant.

VIII

UN DÉNOUMENT

— Je parle comme je dois parler, sous peine d'être une misérable créature, — répondit Léontine avec exaltation. — Ecoutez-moi donc, — écoutez-moi jusqu'au bout, et vous finirez par comprendre que j'ai raison...

— Jamais !... jamais !...

— Vous souvenez-vous Maurice, de ce que vous me disiez, à cette même place, il y a quatre mois... la veille du jour où je suis tombée malade !... — Vous étiez à côté de moi... — Comme en ce moment... vous me parliez d'une voix douce, — avec une bonté touchante... — et vos paroles sont restées gravées dans ma mé-

moire... et dans mon cœur... — « Léontine, —
me disiez-vous, — je saurais rester assez maître
de moi pour ne pas devenir amoureux de vous,
— et enfin, si ce malheur arrivait, je vous jure
que je vous le cacherais... — vous voyez donc
bien que vous n'avez rien à craindre... » —
Vous me disiez cela, Maurice, et vous avez tenu
votre promesse, comme un honnête homme,
comme un homme d'honneur que vous êtes...
— Aujourd'hui, malgré vous, malgré tous, vous
m'aimez ; et moi, — je ne vous le cacherai pas,
— moi aussi, je vous aime !...

— Léontine !... Léontine !... vous voulez donc
me rendre fou de bonheur ! — s'écria Maurice
avec un transport de joie qui tenait du délire,
et en couvrant de baisers les deux petites mains
que la jeune fille lui abandonnait et qu'il ap-
puyait sur ses lèvres ardentes et sur son front
brûlant.

— Oui, certes, je vous aime !... — poursuivit
Léontine rayonnante d'amour, de chasteté, de
candeur, — mais je vous aime d'une affection
trop profonde et trop infinie pour devenir jamais votre femme... — Maurice, vous m'avez
sauvée, — vous m'avez aimée, vous m'avez ré-
vélé mon âme, — je dois vous appartenir, et
je vous appartiens tout entière... — Je suis à

vous... — je suis à toi !... Prends-moi, Maurice, me voici... — fais de moi ta maîtresse... je le veux... oh ! oui.. je le veux, mon amant adoré...
— Prends ta Léontine qui te donne son corps, comme déjà elle t'a donné son âme... — Aime-moi le plus longtemps que tu pourras, et, le jour où tu ne m'aimeras plus, je ne me plaindrai pas... j'aurai été assez heureuse... j'aurai assez vécu !...

Et tout en parlant ainsi, la chaste enfant, à qui sa naïveté même et son sublime dévouement inspiraient un langage de bacchante amoureuse, jetait ses bras caressants autour du cou de Maurice.

— Oh! cher ange!... chère bien-aimée!... s'écria le jeune homme en serrant éperdument Léontine contre sa poitrine.

Puis, presque aussitôt, il l'éloigna doucement de lui, car il craignait de ne plus pouvoir victorieusement lutter contre les surprises de ses sens et contre les transports qui s'emparaient de lui.

— Me crois-tu donc assez lâche ! murmura-t-il ensuite, — pour accepter le touchant et tendre sacrifice que tu m'offres ? — Non !... mille fois non !... — L'amant te respectera... il te conservera pure et sans tache pour l'époux. —

Je t'aime, ou plutôt je t'adore, et mon nom sera ton nom !... — Je saurai le rendre assez glorieux pour que, dans son rayonnement, disparaissent les involontaires souillures d'un passé qui n'est pas le tien. — Tu as marché dans la boue, Léontine, parce que le mauvais sort t'avait fait naître dans les lieux bas, mais cette boue n'a même pas taché tes pieds immaculés !... — Je te jure que je te ferai respecter de tous, comme je te respecte moi-même !... — Je n'aurais que mépris, haine et dédain pour le monde qui refuserait de t'accueillir comme tu mérites de l'être !... — Viens, appuie-toi sur mon bras qui te soutiendra toujours... — il est fort, et j'ai foi dans l'avenir avec toi pour compagne... — Dis... refuses-tu toujours de devenir, pour la vie et pour l'éternité, la moitié de moi-même ?...

— Maurice, je vous appartiens, et je vous répète de faire de moi ce que vous en voudrez faire...

— Eh bien ! j'en fais ma femme... — et devant Dieu qui m'entend... — devant ma mère qui nous bénit, — je jure le n'être qu'à toi...

Léontine, folle de bonheur, se rapprocha de l'artiste par un mouvement irrésistible, — noua de nouveau ses deux mains autour de son cou, et, renversant sa belle tête, demeura suspendue dans ses bras.

Maurice ramena lentement vers lui cette tête si gracieuse et si pure, et les lèvres des deux jeunes gens s'unirent dans un baiser enivrant et cependant chaste.

Puis les mains de Léontine se dénouèrent, et la jeune fille, — brisée par ces émotions successives, — se laissa retomber dans le grand fauteuil que nous connaissons.

Maurice reprit sa place à ses pieds.

Pendant la scène brûlante qui précède, — l'ange de Léontine, l'ange de la pudeur et de la sainte ignorance, n'avait pas eu une seule fois à voiler son front rougissant avec le bout de ses blanches ailes!...

En ce moment la porte de l'atelier s'ouvrit brusquement, Gilbert s'arrêta sur le seuil pour contempler le groupe ravissant qu'il avait sous les yeux.

— Bravo! — s'écria-t-il d'une voix enjouée et en frappant à plusieurs reprises dans ses deux mains. Dénoûment!... Fin de l'acte cinquième et dernier!... Grand succès!... fleurs et rappel!... Au rideau!...

— Oui, dénoûment, — répondit Maurice,

— et dénoûment heureux s'il en fut !...

— Tu vois que j'ai raison d'applaudir.

— Pardieu !... mais viens un peu ici, ami Gilbert, — j'ai quelqu'un à te présenter...

— Quelqu'un ?

— Oui.

— Mais je ne vois que Léontine et toi dans l'atelier, ce me semble.

— Eh bien, précisément, — je te présente mademoiselle Léontine Aubry, bientôt madame Torcy, ma femme.

— Jeune première ingénuité !... amoureux, jeune premier rôle !... — c'est cela ! — c'est bien cela !... — Moi, je prends l'emploi des premières utilités et je me charge du rôle de notaire...

— Ne plaisante donc pas avec les choses sérieuses, mon ami... — dit Maurice d'un ton de reproche.

— Mais je ne plaisante pas le moins du monde...

— Alors que veux-tu dire ?

— Je veux dire que je vous annonce l'arrivée de la dot !...

— Quelle dot ? — demanda Léontine en souriant aux comiques boutades du futur auteur dramatique.

— Pardieu, la dot contenue dans les vastes caisses, lourdes sacoches et portefeuilles bien garnis d'un honorable banquier qui répond au nom de Vaunoy. — Je l'ai vu ce matin, — et, vivement sollicité par moi, il va venir, argent comptant, faire une raflé dans l'atelier.

— Allons ! — s'écria Maurice, — amour ! — amitié, — fortune ! — c'est trop de bonheur à la fois !... J'ai bien envie de jeter ma bague par la fenêtre...

— Ce qui, — répliqua Gilbert en riant, — serait renouvelé des Grecs, tout comme le noble jeu de l'oie !...

Puis, s'approchant de Léontine, il lui prit la main qu'il baisa respectueusement, et il lui dit avec émotion :

— J'ai deviné depuis longtemps, mademoiselle, l'amour que vous inspiriez à Maurice, — et à cause même de cet amour, je vous ai étudiée attentivement et, il faut bien que je l'avoue avec une profonde défiance. Or, de cette étude il est ressorti la conviction que nulle part Maurice ne pourrait découvrir autant de grandes et sérieuses qualités, unies à une aussi resplendissante beauté... — Vous êtes digne de lui et il est digne de vous... — Laissez-moi seulement espérer que vous ne lui prendrez pas son cœur tout entier, et que vous en laisserez toujours un tout petit coin à la disposition de son fidèle ami.

— Vous aurez double place dans deux cœurs, — répondit Léontine en serrant la main de Gilbert, car voici bien longtemps déjà que nous sommes deux à vous aimer...

IX

UNE DÉSILLUSION

— Maintenant, mes chers amis, — dit Gilbert après avoir écouté les confidences amoureuses de Maurice et pris sa part des projets d'avenir qui devaient amener un bonheur incessant au sein du jeune ménage; — maintenant, permettez qu'à mon tour je vous parle quelque peu de moi...

— Mais, certes, je le crois bien, que nous le permettons, — répliqua vivement Maurice.

— Vous savez que j'avais, moi aussi, le cœur plein de douces espérances, touchant d'un côté aux choses de la littérature, et de l'autre à celles de l'amour.

— Et nous espérons bien, — interrompit Léontine, — que ces espérances se métamorphoseront très-prochainement en belles et bonnes réalités...

— Que Dieu vous entende !... mais hélas !

— Pourquoi cette exclamation dubitative et mélancolique? — demanda Maurice.

— Parce qu'il me faut bien convenir, vis-à-vis de moi-même et vis-à-vis de vous, d'une chose assez triste.

— Laquelle?

— C'est que, si l'avenir est au beau fixe, le présent est à l'orage.

— Bah ! — s'écria Maurice.

— C'est comme ça.

— Désespères-tu ?

— Non ; — mais je commence à revenir singulièrement sur mes idées premières, à l'endroit de la facilité des débuts littéraires...

— Que t'avais-je dit ?

— Tu avais, parbleu, bien raison !... Que de déceptions ! — que d'obstacles ! — que de blessures ! que de chagrins ! — enfin, quelle effrayante collection de bâtons dans les malheureuses roues de la machine encore novice !

— Tu voyais les choses trop en rose, mon bon

ami ; mais crois bien que maintenant tu les vois un peu trop en noir...

— Oh ! non !...

— Enfin, voyons, où en es-tu ?...

— Où j'en suis ?...

— Oui.

— Eh bien, je suis un peu moins avancé qu'avant d'être parti !...

— Diable !...

— Je ne marche pas !... je recule !...

— Mais où ?... comment ?... pourquoi ?... Explique-toi, mon cher ami, si tu veux que nous sachions ce qui se passe, car nous ne pouvons pas le deviner.

— Oui, monsieur Gilbert, — appuya Léontine, — expliquez-vous... peut-être vous faites-vous illusion sur l'état de vos affaires, — et, dans tous les cas, si vous avez des ennuis, c'est notre droit de les partager... n'est-ce pas, Maurice ?...

— Sans doute, chère enfant...

— Vous voulez donc entendre l'odyssée de mes infortunes ? — fit Gilbert.

— Nous le voulons.

— Ecoutez-moi, alors...

— Oh ! de toutes nos oreilles... répondit Maurice.

— Et ne riez pas trop !...

— Sois tranquille.

— M'y voici, — dit Gilbert en s'adressant d'une façon plus particulière à Léontine. — Vous savez, mademoiselle, ou plutôt vous ne savez pas, que je suis arrivé à Paris, à cheval sur le manuscrit d'une mirifique comédie, sur laquelle je comptais positivement pour chevaucher jusqu'aux sidérales hauteurs de la renommée...

Cette comédie, je la portai au Théâtre-Français.

Le Théâtre-Français, à son tour, la fit porter chez un monsieur très-aimable qui se chargeait d'en prendre connaissance, en sa qualité d'examinateur juré et breveté.

Je m'empressai, comme bien vous pensez, d'aller voir ce personnage influent, lequel, — en sa qualité d'homme très-aimable, — me fit revenir, — sans jamais me recevoir, — neuf fois de suite, — pas une de plus, — pas une de moins...

Enfin, un jour je le saisis au vol et à l'improviste, et je lui fis part tout d'abord de ma résolution invariable et irrévocable de l'ennuyer régulièrement et quotidiennement jusqu'au jour où, pour se débarrasser de moi, il aurait lu ma pièce...

Je tins parole, et, au bout de trois mois, j'avais défilé un chapelet de prières et de sollicitations qui m'avaient fait atteindre le but.

Un rapport ni chaud ni froid, ni bon ni mauvais, me donnait enfin le droit à une lecture.

Ici, répétition des mêmes difficultés que ci-dessus.

Il fallait faire queue à la porte du comité.

Je pris mon rang avec un désespoir concentré, et la chose menaçait de traîner en longueur pendant plus d'un quart de siècle, si le commissaire impérial, avec une bonté et une obligeance dont je lui suis on ne peut plus reconnaissant, ne s'était empressé de m'aplanir un peu les voies.

Bref, je reçus hier la bienheureuse communication m'annonçant la lecture pour aujourd'hui...

— Et tu ne nous en as rien dit ! — s'écria Gilbert. — Ah !... c'est mal !...

— L'intention était excellente, — je voulais vous ménager une surprise en vous annonçant ma réception...

— Continue.

— A une heure précise, — heure indiquée sur mon bulletin, — je faisais mon entrée dans le sanctuaire, portant mon manuscrit sous mon bras.

Le sanctuaire était vide.

J'avoue que j'étais fort ému en pénétrant ainsi dans les arcanes mystérieux de la maison de Molière. — Aussi cette solitude momentanée me fit grand plaisir.

Avant d'aller plus loin, et afin de faciliter pour vous l'intelligence du tableau que je vais esquisser sous vos yeux, il vous faut savoir que le salon du comité est une vaste pièce dont une immense table recouverte du tapis vert traditionnel occupe le centre.

Le long des murailles, et autour de la table, deux ou trois canapés et un certain nombre de chaises et de fauteuils sont symétriquement rangés.

Ah! s'il n'y avait pas dans ce salon cette grande table et ces canapés, que de pièces refusées à la presque unanimité auraient été reçues avec acclamations !...

Vous ne vous figurez pas, vous ne pouvez pas vous figurer quel rôle immense jouent ces meubles dans les graves décisions du comité.

C'est à eux, seulement à eux, et non pas aux membres vivants, que devraient s'en prendre les fureurs des auteurs évincés...

Quant à moi, je leur voue une haine profonde, immortelle, infinie, et je crois bien que, quelque jour, je m'efforcerai d'en tirer une vengeance éclatante.

Vous riez !...

Vous croyez que j'exagère ?...

Eh bien, mes bons amis, écoutez et jugez !...

Après quelques minutes d'attente de ma part, messieurs les sociétaires désignés arrivèrent lentement, tranquillement, nonchalamment, d'un air profondément ennuyé.

Ils avaient, je vous l'affirme, la complète apparence de pauvres martyrs condamnés à quelque lent et odieux supplice...

Avec eux se présentèrent deux messieurs extrêmement graves, mis avec une négligence calculée, — décorés tous les deux, et tous les deux membres de l'Institut.

Ces messieurs, gens de haute science et d'incontestable mérite en fait de littérature étrangère, entamèrent sans perdre une seconde, et à voix basse, une importante discussion sur les vieux poëtes suédois et scandinaves.

En examinant cette *imposante* réunion, je ne pus m'empêcher de ressentir un profond étonnement.

Parmi tous ces hommes chargés de juger une

œuvre dramatique, pas un seul n'avait travaillé pour le théâtre !...

Ceci n'est-il point le *nec plus ultra* de la haute fantaisie ?...

Enfin, on plaça devant moi le pupitre de rigueur et le classique verre d'eau sucrée.

Je pris place, et je commençai à lire, à haute et intelligible voix, la nomenclature des personnages de ma pièce.

Aussitôt après, j'entamai le premier acte, et je m'efforçai de nuancer avec une délicatesse infinie le dialogue de mon œuvre.

J'arrivai à la fin de l'acte sans avoir osé seulement lever les yeux de dessus le cahier qui m'absorbait.

Alors, et tout en avalant une ou deux gorgées d'eau sucrée, je me hasardai à jeter un timide regard sur mes auditeurs.

Oh ! mes amis, quelle déception !...

Jamais je ne viendrai à bout d'exprimer, rien qu'avec des mots, ce qu'était la contenance de ces messieurs !...

J'espérais trouver sur leurs visages quelques marques d'encouragement...

J'espérais rencontrer dans leurs regards un peu de bienveillance ou tout au moins d'attention...

Cela coûte si peu !...

Hélas !...

Les uns étaient mollement étendus sur les canapés !

Les autres, les coudes appuyés sur la table et la tête enfouie dans leurs mains, semblaient prêts à se livrer aux douceurs d'un profond sommeil.

Deux ou trois, — physionomies résignées, prenaient leur mal en patience en étouffant quelques bâillements.

Les deux membres de l'Institut avaient déjà repris leur discussion sur les poètes du Nord.

A coup sûr, ils avaient consacré le temps de la lecture du premier acte à chercher des arguments...

Dès ce moment, je me vis jugé et condamné !...

Je repris ma lecture, et j'entamai le second acte avec une sombre tristesse et un découragement profond.

La pièce achevée, — et je vous jure que le temps nécessaire pour aller jusqu'au bout me parut long comme une éternité, je passai dans le cabinet de M. le commissaire impérial, attendant la sentence de l'illustrissime aréopage.

M. le commissaire impérial m'apporta lui-même cette sentence, et mit une extrême bienveillance et des ménagements infinis à m'annoncer que j'étais refusé.

Tu ne saurais imaginer, — mon cher Maurice, — à quel point la contenance distraite, glacée, excédée, de cet impartial comité de lecture, lâche un robinet d'eau glacée sur le feu de l'enthousiasme artistique, et donne un grand coup de massue sur la nuque de l'écrivain démoralisé !...

Pas un conseil, — pas une critique raisonnée, — pas un geste d'encouragement pour l'avenir.

C'est odieux et nul !... c'est à renverser les résolutions les plus courageuses, c'est à briser les énergies les plus persévérantes !... — c'est à faire renoncer à tout jamais à la littérature !...

Brrr !... — quand j'y songe, — j'ai froid partout !

Gilbert se tut.

Il avait commencé le long récit de sa déconvenue avec une sorte de gaieté, sinon bien réelle, du moins apparente.

Mais, à mesure qu'il avançait dans sa narration, le découragement s'était évidemment emparé de lui, — et l'ironique amertume qui remplissait son cœur se faisait sentir dans ses paroles et dans son accent.

— Alors, — demanda Léontine après un silence, — vous avez remporté votre pièce?

— Je la mis gravement sous mon bras, et je descendis l'escalier en athléte vaincu, mais qui, même dans sa défaite, garde sa dignité... — Je saisis un coupé au passage, et nous sommes arrivés ici tout à l'heure, mon manuscrit et moi, l'un portant l'autre. Pauvre manuscrit!... il est là dans mon chapeau. — Ah! pauvre manuscrit!... — tu rêvais de meilleures destinées!...

Tandis que Gilbert parlait ainsi, deux larmes involontaires brillaient dans ses yeux.

— Allons! — s'écria Maurice en lui serrant la main, — du courage, mon ami... Pourquoi t'affliger ainsi!

— Pourquoi? — parce que j'en suis à me demander si je me suis fait illusion à moi-même, au point de me croire du talent, tandis que je ne suis peut-être qu'un crétin. — Mais non! — ma pièce a des défauts, sans doute, qui tiennent à mon manque d'expérience, mais elle renferme aussi des qualités certaines! le sujet en est original, — les caractères bien étudiés, —

le style plus que suffisant !... Ah ! pourquoi ne me suis-je pas fait manœuvre plutôt que littérateur !...

— Sais-tu ce qu'il faut faire ? dit Maurice en intervenant pour calmer un peu son ami.

— Non.

— Eh bien, — je vais te le dire... mais promets-toi d'abord de suivre mon conseil.

— Je te le promets.

— Reprends ta pièce, supprime quelques longueurs, ajoute deux ou trois couplets. — et présente-la dans un de nos quatre théâtres de genre. — Tu t'en trouveras bien.

— Tu crois ?

— Parbleu !

— Mais si je suis encore refusé ?

— Bah ! qui ne risque rien n'a rien.

— Eh bien, soit !

— Tu te décides ?

— Oui.

— A la bonne heure !...

— Je boirai le calice jusqu'à la lie... — Je parcourrai dans toute sa longueur, s'il le faut, l'échelle descendante des théâtres, et peut-être que le Petit-Lazary consentira à jouer ma pièce.

— Encore est-ce une question, cela, — il doit avoir ses auteurs !...

— Allons, monsieur Gilbert, — allons, du courage ! — dit Léontine de sa voix douce et mélodieuse ; — chassez ces vilaines idées noires.

— Du courage !... oh !... j'en aurai, puisque mon bonheur dépend de mon succès... — La défaite me tuerait, car j'aime Marguerite de toute la force de mon âme, — de toutes les puissances de mon cœur !... — Enfin je l'aime comme Maurice vous aime, c'est tout dire.

— Tu as encore près d'une année devant toi, — fit Maurice, — c'est plus qu'il ne faut pour arriver.

— Oui ; mais c'est aussi plus qu'il ne faut pour échouer.

— Bah ! le découragement est le pire de tous les conseillers !... — D'ailleurs, il me vient une excellente idée...

— Laquelle ?

— Je suis dans de bonnes relations avec un journaliste influent et qui est en même temps un auteur dramatique fort applaudi, — il est d'une assez grande obligeance. — Je te mènerai chez lui, et il facilitera tes débuts, je n'en doute pas...

— Comment s'appelle-t-il ? — demanda Gilbert.

— Georges de Coësnon.

— Le chroniqueur du *Lucifer*?

— Oui.

— C'est un garçon de talent ; mais je me soucie médiocrement de me lier avec lui.

— Bah !... pourquoi donc ?

— Sa réputation est détestable.

— Que dit-on de lui ?

— Mais, entre autres choses, qu'il fait de sa plume un stylet, et qu'embusqué derrière son journal, il crie : — *La bourse ou la vie* !...

— Mon cher, il ne faut jamais croire que la moitié de ce qu'on dit.

— Mais il me semble que, la moitié, ce serait déjà beaucoup trop.

— Tu as raison ; aussi je préfère ne rien croire ; — d'ailleurs, dans la littérature et surtout dans le journalisme, à côté d'un petit nombre de noms sans tache, combien ne trouveras-tu pas d'existences douteuses ? — Lorsque, parmi tes collègues, il s'en rencontrera un qui puisse et qui veuille t'être utile, ne fouille pas trop profondément dans sa vie. N'en fais pas ton ami, si tu veux, mais accepte ses services sans scrupule... — sinon, renonce dès à présent à la carrière que tu voulais suivre. Voyons, me crois-tu dans le vrai ?

— Oui.

— Renonces-tu à une pruderie qui n'est pas de circonstance?...

— Oui.

— À merveille. — Alors... demain ou après-demain, je te conduirai chez M. de Coësnon.

Au moment où Maurice disait ces derniers mots, un coup de sonnette retentit dans l'antichambre, et Joseph vint annoncer à son maître que M. le baron de Vaunoy demandait à le voir.

— Fais entrer M. le baron de Vaunoy, — répondit l'artiste.

— Je vous laisse, mon ami, — dit Léontine en se levant, — rien ne justifierait ma présence chez vous aux yeux de cet étranger, et il ne faut pas qu'une supposition fâcheuse puisse atteindre celle qui sera votre femme...

X

UN MÉCÈNE

Léontine échangea un tendre regard avec Maurice, un doux sourire avec Gilbert, et se retira.

Presque en même temps Joseph fit entrer M. de Vaunoy, qui, avant de pénétrer dans l'atelier, jeta autour de lui un regard furtif et décélant une certaine inquiétude.

Le banquier parut rassuré et enchanté en voyant que les deux amis étaient seuls.

Gilbert alla vivement au devant du visiteur et se hâta de lui présenter Maurice.

M. de Vaunoy répondit à cette présentation par quelques phrases de banale politesse ; puis, entrant immédiatement en matière, il pria l'artiste de lui faire voir ses meilleures toiles.

Maurice, — comme bien on pense, — s'empressa d'accéder au désir du riche visiteur.

M. de Vaunoy fit choix de deux tableaux de genre, de moyenne grandeur, et sans se permettre la moindre observation sur les prix demandés, il pria l'artiste de les lui faire envoyer le soir même.

Puis, tout en furetant dans l'atelier, en ouvrant les cartons, en examinant les ébauches, le banquier finit par s'arrêter devant le pastel auquel travaillait Maurice.

— Quelle merveilleuse chose ! — s'écria-t-il, en affectant une grande indifférence à l'endroit du visage reproduit, et en feignant de s'extasier sur le mérite de l'œuvre d'art ; — est-ce un portrait ?...

— A peu près, monsieur.

— Cette tête est charmante, et je l'aurais crue sortie de votre imagination... — A coup sûr vous avez idéalisé l'expression...

— Très-peu, je vous assure...

— Ce pastel vous était-il commandé ?

— Non, monsieur.

— Alors, il n'appartient à personne ?...

— A personne qu'à moi.

— En ce cas, je vous l'achète.

— Permettez, monsieur, commença Maurice.

Le banquier l'interrompit.

— Oh ! — dit-il vivement, — soyez tranquille, nous n'aurons pas de discussion pour le prix... — Je n'ai jamais rien vu d'aussi complétement réussi et irréprochable, comme dessin et comme exécution... — Quelles que soient vos prétentions au sujet de ce chef-d'œuvre, je les accepte d'avance... — Cent louis vous semblent-ils suffisants ?...

— Ce pastel n'est pas à vendre.

— Avouez plutôt, mon cher monsieur Torcy, que vous trouvez mon offre insuffisante !...

— En aucune façon, mais...

— Allons, — poursuivit M. de Vaunoy, — joignez ce pastel aux deux tableaux dont je suis heureux d'avoir fait l'acquisition, et j'ajouterai quatre mille francs à la somme convenue. — Est-ce entendu ?...

— Accepter serait presque vous voler votre argent, monsieur, — répondit Maurice. — Croyez bien que je ne m'illusionne pas sur le mérite de mes œuvres, jusqu'à ce point de me figurer qu'un pastel fait en trois jours puisse valoir quatre mille francs...

— Bah ! c'est une fantaisie, et je trouve qu'i

n'en coûte jamais trop cher pour satisfaire une fantaisie... — Ce pastel me plaît, et je suis très-riche ; — donc, en le payant cher, je l'ai presque pour rien... — Vous savez si bien dépenser, vous autres artistes ! Profitez donc sans scrupule du caprice de ces pauvres diables de millionnaires qui ne savent qu'amasser !... — D'ailleurs, notre argent pourrait-il être jamais mieux employé qu'à récompenser un talent aussi hors ligne que le vôtre ?... — Et puis, vous me rendrez un véritable service... — j'ai dans mon cabinet un fort beau Latour qui manque de pendant, et cette tête de jeune fille fera merveille en face de lui... — Sommes-nous d'accord ?...

— Je suis vraiment désolé de vous refuser.

— Quoi !... vous refusez donc ?

— Oui, monsieur.

— Mais si je vous offrais six mille francs... — sept... — dix ?...

— Vous m'offririez, monsieur, votre fortune tout entière, qu'il me serait, de même, impossible d'accepter...

M. de Vaunoy sourit.

— Je commence à comprendre, — dit-il, — il y a là-dessus une affaire de cœur, n'est-ce pas ?

Maurice s'inclina d'une façon affirmative.

— Mon Dieu, — continua le banquier, — que ne me disiez-vous cela plutôt?... — C'est fini... je n'insiste plus...

— Et je vous en remercie.

— Maintenant que nous avons traité les affaires présentes, il me reste à vous adresser une proposition qui, je l'espère, vous agréera complétement.

— S'il dépend de moi de l'accepter, je suis, de la manière la plus complète, à votre disposition.

— La chose est bien simple. — J'ai fait dernièrement l'acquisition d'un très-joli châtelet, situé à quelques lieues de Paris, sur la route d'Orléans, près d'Essonne. — C'est le pavillon de chasse d'une magnifique propriété qui appartenait jadis à la famille de Grammont. — Ce châtelet, construit sous le règne de Louis XV, offre un très-complet spécimen du meilleur style de l'époque. — J'ai désiré assortir le mobilier aux décorations architecturales et ornementales de l'extérieur et de l'intérieur, et je suis parvenu à recomposer un ameublement Pompadour qui laisse, ce me semble, peu de chose à désirer...

— C'est une charmante idée que vous avez que là.

— N'est-ce pas ? — Le grand salon et le boudoir sont d'un effet ravissant ; seulement, les dessus de portes manquent partout !... — Les vandales qui ont habité cette propriété avant qu'elle soit arrivée entre mes mains, ont enlevé et vendu les meilleures toiles de Boucher et de Watteau, et malgré toutes mes recherches, il m'a été impossible de les retrouver. — Il me faut un très-habile artiste pour remplacer les panneaux absents, et j'ai pensé que peut-être vous voudriez bien vous charger de ce travail.

— Vous avez eu grandement raison de penser cela, monsieur...

— Ainsi, vous acceptez ?

— Avec un très-vif plaisir. — Il me semblera fort amusant d'entreprendre ces pastiches des gracieux maîtres du dix-huitième siècle.

— Rien ne vous empêchera de faire ce travail dans votre atelier. — Les peintures terminées, il ne restera plus qu'à les ajuster dans les boiseries. Seulement, il est indispensable que vous visitiez l'habitation, afin de prendre vos mesures, et surtout afin de vous rendre compte du style général de l'ornementation... — Quant aux sujets, je vous laisse entièrement le maître de les choisir et de les traiter à votre fantaisie...

— Et croyez bien que tous mes efforts ten-

II. 7

dront à justifier votre bienveillante confiance.

— Je suis un peu pressé d'entrer en jouissance de l'habitation complétement restaurée... Quand pensez-vous vous mettre à la besogne ?...

— Quand vous voudrez.

— Tout de suite, alors ?...

— Tout de suite, soit.

— Dans ce cas, demain, sans plus tarder, nous irons à Essonne... — Oh! votre absence ne sera pas longue. — Nous prendrons le train du chemin de fer, de neuf heures cinq minutes, et, le soir même, nous serons de retour à Paris. — Cela vous convient-il ?

— Admirablement.

— J'espère que notre ami commun, M. Gilbert, me fera le plaisir d'être de la partie. — Nous trouverons là-bas de quoi déjeuner et dîner passablement.

— Mais comment donc ! — s'écria Gilbert, — cette petite partie de campagne me sourit très-fort.

— Eh bien, demain à huit heures et quart, ma voiture sera à votre porte. — Au revoir, messieurs, et à demain matin.

— Au revoir, monsieur le baron.

Le banquier salua les deux jeunes gens et se

retira, — reconduit par Maurice jusqu'à l'escalier.

— Hein ! — s'écria Gilbert en allant au-devant de son ami qui revenait. — Qu'en dis-tu ?...
— J'espère que voilà un Mécène d'une confortable catégorie !...

— C'est un homme charmant ! — répondit Maurice, et je serais fort embarrassé, ma foi, de dire pourquoi il me déplaît tant.

— Il te déplaît !... — murmura Gilbert — stupéfait...

— Superlativement.

— Mais enfin, pourquoi ?

— Je viens de te dire que je l'ignorais. — Il y a en M. de Vaunoy un je ne sais quoi dont je ne peux pas me rendre compte, et qui, malgré moi, m'éloigne et me met en défiance.

— Mais c'est de la folie, cela !

— Je n'en disconviens point. Aussi, sois-en sûr, je ne me préoccuperai en aucune façon de cette absurde et ridicule antipathie, et je ferai de mon mieux pour que ton banquier soit enchanté de mon talent et de ma conscience.

— Oh ! — sous ce rapport, — je suis bien tranquille ; — mais cela m'afflige de te voir des préjugés vagues à l'endroit d'un si brave homme, qui t'apprécie à ta juste valeur, et qui te le fera bien voir d'une façon métallique et sonnante.

— Ne t'inquiète pas ! répondit Maurice, demain il n'y paraîtra plus.

Puis le jeune homme frappa deux ou trois petits coups contre la porte qui de l'atelier conduisait dans la chambre à coucher, et dit :

— Léontine !... chère Léontine.

La jeune fille se montra aussitôt.

— Eh bien, mon ami, — demanda-t-elle, — me voici, — que me voulez-vous ?...

— Je veux vous dire que nous allons être riches !... — très-riches !... immensément riches !... et que vous aurez une resplendissante corbeille de mariage...

— C'est un bien petit détail au milieu de tout mon bonheur ! — répondit Léontine en souriant.

— Bah ! les jeunes filles disent cela, et même elles le pensent ; — mais, au fond, les belles robes et les cachemires ne leur déplaisent jamais...

— Je ne dis pas qu'ils me déplaisent, mais je dis que je m'en passerais à merveille...

— Pardieu ! je le crois bien !... vous êtes assez belle pour cela !... — mais enfin l'abondance est une bonne chose, et souvenez-vous, chère enfant, de ce que je vous disais ce matin...

— Que me disiez-vous donc, dont il faille me souvenir plutôt que tout le reste ?...

— Je vous disais que vous étiez le bon ange de la maison ; et vous voyez si j'avais raison !...

— Mon Dieu, que je vous aime et que je suis heureux !...

XI

IMPASSE DE CONSTANTINE

Nous demandons à nos lecteurs la permission de revenir pour un instant sur nos pas, et de remettre sous leurs yeux quelques lignes qu'ils ont certainement oubliées.

Il existe, — disons-nous dans l'un de nos précédents chapitres, — il existe un quartier fangeux et populacier, qui n'est déjà plus Paris, qui n'est pas encore Montmartre, et qui borde le côté droit du boulevard extérieur, depuis la barrière des Martyrs jusqu'à celle de Batignolles.

En sortant de Paris par la barrière Blanche, on trouve à main droite une ruelle étroite et nauséabonde appelée *l'impasse de Constantine.*

De hautes maisons la bordent des deux côtés dans sa courte longueur qui aboutit à un établissement moitié cabaret et moitié bal public, connu des habitants du quartier sous la dénomination pompeuse de *Jardin d'Idalie.*

Une cour plantée de trois arbres lépreux et rabougris, — deux berceaux garnis de chèvrefeuille étique et rongé par la poussière ; — quelques tables recouvertes jadis d'une couche de peinture d'un vert gai, maintenant grisâtre, — des bancs écloppés et des tabourets boiteux, offrent aux habitués de ce lieu de plaisance, pendant la saison d'été, les douces illusions de la campagne et les attraits fallacieux d'un repas qui se croit champêtre, orné d'une gibelotte de lapins douteux, et d'un vin bleu dans lequel il y a de tout, sauf du jus de raisin.

L'hiver, une salle de bal, longue et basse, éclairée par une demi-douzaine de quinquets fumeux et mal odorants, et drapée de quelques haillons de calicot rouge en guise de draperies, est ouverte le dimanche et le lundi aux amateurs des danses de haut goût, moyennant une modeste rétribution de dix centimes pour chaque cavalier, par contredanse, valse ou polka.

Tout auprès de ce remarquable et confortable établissement se trouve une haute maison de sinistre apparence.

C'est dans cette maison, — nos lecteurs s'en souviennent, — que demeurait notre vieille connaissance, Léonidas le modèle.

En quittant l'atelier de Maurice Torcy, M. de Vaunoy donna l'ordre à son cocher de le conduire à la barrière Blanche.

Là il fit arrêter, il descendit de voiture, — et il suivit à pied le boulevard extérieur, dans la direction de la barrière des Martyrs, en paraissant étudier avec soin les localités.

Enfin il arriva à la hauteur de la ruelle que nous avons désignée un peu plus haut sous le nom d'*impasse de Constantine*, et là, parfaitement édifié sur la situation topographique de l'endroit qu'il cherchait, il se dirigea vers le cabaret du *Jardin d'Idalie*, et il entra résolûment dans cette grande pièce qui servait tout à la fois de réfectoire et de salle de danse.

Sauf une femme d'un âge douteux et d'une incontestable laideur, vêtue d'un costume indescriptible et coiffée d'un vieux bonnet de police, il n'y avait personne dans cette salle.

La femme en question trônait derrière un comptoir de bois blanc, peint en acajou et surchargé de petits brocs d'étain et de petites mesures de fer-blanc.

Au fond de la grande salle, une porte ouverte, donnant accès dans d'autres pièces, laissait arriver les émanations alcooliques des vins frelatés et les exécrables parfums du mauvais tabac.

A l'aspect de M. de Vaunoy dont la mise élégante formait un contraste bizarre avec le complet délabrement des lieux dans lesquels il se trouvait, la femme du comptoir manifesta sa surprise par un geste aussitôt réprimé, et elle demanda d'une voix de rogomme :

— Que faut-il servir à monsieur ? — une bouteille de vin cacheté, — ou un petit verre d'anisette ou de cassis ?...

— Je ne prendrai rien, — quant à présent du moins, — répondit le banquier, tout en déposant sur le comptoir une pièce de cent sous ; — je vous prierai seulement de me dire si la personne que je cherche ne se trouve point ici dans ce moment...

— Je me ferai un plaisir de répondre à monsieur, — dit l'androgyne en souriant, — quand je saurai quelle est la personne que cherche monsieur...

— C'est un habitué de cet établissement, —

un homme qui porte de longs cheveux et une immense barbe, et qui s'appelle Léonidas.

— Ah ! ah ! le père Léonidas... très-bien.

— Vous le connaissez ?

— Pardienne !

— Et est-il ici ?

— Oui, oui, il est là-bas, dans le fond, — avec mossieu Galimand, son intime, son inséparable.

— Auriez-vous la complaisance de le prévenir que quelqu'un désire lui parler ?

— Tout de suite.

La femme du comptoir se leva et fit quelques pas dans la direction de cette porte dont nous avons parlé, puis elle cria de sa voix enrouée :

— Oh ! hé ! m'sieu Léonidas, — arrivez un peu ici.

— Quoi donc que c'est ? — demanda le vieux modèle de l'intérieur.

— C'est un monsieur qui vous attend.

— C'est bon, z'on y va...

Et en effet, Léonidas apparut presque aussitôt.

— Ah ! ah ! — fit-il en reconnaissant le banquier et en soulevant son chapeau, tandis que son visage prenait une expression bassement obséquieuse, — c'est vous, mon bourgeois... — Je suis z'à vos ordres.

Puis, se tournant vers la femme du comptoir, il ajouta :

— Allons, z'allons, Madelon, vite un cabinet, des vins fins z'et des liqueurs z'assorties. — Monsieur z'et moi nous z'avons z'à causer.

— Allez au salon n° 3, — répliqua Madelon. — Conduisez monsieur, vous savez le chemin.

— Parfaitement. — Venez, mon bourgeois, — continua Léonidas en précédant M. de Vaunoy, — je vais z'avoir l'avantage de vous z'introduire.

Le vieux modèle fit monter le banquier à l'étage supérieur et ouvrit une porte grise sur laquelle le n° 3 était peint en noir.

Cette porte donnait dans un cabinet qui ne recevait de lumière que par une lucarne à quatre vitres, prenant jour sur une cour étroite et fangeuse.

Les murailles étaient grasses et luisantes, le plancher humide et luisant.

Quant au mobilier de ce bouge, il se composait d'une table étroite et longue, recouverte d'une toile cirée en lambeaux, — d'un quinquet poudreux, — suspendu au plafond, — et de quelques cadres de bois noir, renfermant ces incroyables lithographies qui rendirent jadis si populaires les terribles péripéties de la *Tour de Nesle.*

M. de Vaunoy achevait de jeter sur ces détails un regard d'étonnement et de dégoût, quand Madelon parut, chargée de bouteilles de diverses formes et de verres petits et grands.

Léonidas déboucha toutes les bouteilles, — remplit tous les verres, puis il dit, avec une insolente familiarité qui fit rougir M. de Vaunoy malgré lui :

— Ah çà ! mon bourgeois, faut qu'il y ait quelque chose de nouveau pour que vous veniez z'ainsi me relancer jusqu'ici.

— Vous ne vous trompez pas.

— Par ainsi, vous z'avez jeté z'une ligne ?

— Oui.

— Et le goujon z'a mordu ?

— Oui.

— Ce qui veut dire z'en bon français ?...

— Que j'ai vu M. Maurice Torcy.

— Quand cela ?

— Je le quitte.

— Bon !

— Et je l'emmène demain avec moi à Essonne.

— Tout seul ?

— Non, j'emmène aussi son ami, Gilbert Pascal.

— Avez-vous vu z'aussi la petite ? — ajouta Léonidas.

— Non, et cela est heureux, car elle m'aurait reconnu, et l'artiste aurait immédiatement rompu toutes relations avec moi.

— Mais vous êtes sûr que la petite z'est toujours chez lui ?...

— Parfaitement sûr.

— Bravissimo ! — A quelle heure partez-vous ?

— A huit heures du matin.

— Et vous reviendrez ?

— Le soir, — assez tard, par le dernier convoi.

— Par ainsi, toute la journée z'est à nous ?

— Oui.

— Dans ce cas, l'affaire z'est bâclée. Vous pouvez compter dessus.

— Vous répondez de tout ?

— De tout z'et d'autres choses encore... — Z'avant les deux heures z'après midi, la tourterelle sera z'en cage.

— Tenez, — voici deux mille francs d'avance.

— Vous aurez le reste après-demain matin...

— Suffit, mon bourgeois... Je suis pétri de

confiance z'et je vous ferai crédit jusque-là. — Maintenant, filez, z'et ne vous occupez plus de rien, le reste me regarde...

M. de Vaunoy ne demandait pas mieux que de quitter ce bouge.

Mais au moment où il allait franchir la porte du cabinet, Léonidas le rappela.

— A propos, — lui dit-il, — les chiffons de banque n'ont point cours z'ici... Donnez-moi vingt francs pour payer la dépense z'et prêtez-moi cent sous, ça se retrouvera z'avec autre chose...

M. de Vaunoy donna à ce misérable ce qu'il demandait et se hâta de disparaître.

Léonidas ingurgita rapidement quelques petits verres et s'en alla rejoindre, dans la pièce du fond, au rez-de-chaussée, son ami Galimand et un troisième personnage, de physionomie douteuse, assis à la même table, en face du père de Paméla, — avec lequel il jouait à l'écarté.

Au moment où Léonidas rentrait dans cette pièce, — l'inconnu de mauvaise mine disait à Galimand, en abattant ses cartes :

— Cinq atouts par le monarque, — son épouse et Galuchet, — t'es volé, mon pauvre vieux !...

— Si je le savais ! — riposta Galimand en frappant sur la table, — si je le savais, que je le *soye*, volé, je te distriburais z'une *raclée*, que le diable en prendrait les armes !...

— C'est pas comme ça que je l'entends, — vieux ! je veux dire que t'es fait au même ! — Quéq' tu veux !... — la chance !... Allons, aboule *ta roue de derrière* et n'en parlons plus.

Et l'inconnu empocha la pièce de cinq francs que Galimand lui donna d'un air de fort mauvaise humeur.

Léonidas reprit sa place à côté de ses deux acolytes.

Sa physionomie joyeuse disait clairement qu'il était fort satisfait des résultats de l'entretien qui venait d'avoir lieu.

Galimand lui frappa sur l'épaule et lui dit :

— Eh bien, qui donc te demandait ?

— T'as pas deviné ?

— Ma foi, non.

— Animal bête !... c'était le papa Vaunoy.

XII

TRAQUENARD

— Ah ! ah ! — fit Galimand, — c'était le papa Vaunoy.

— En personne véritable z'et naturelle.

— Il venait pour la chose z'en question?

— Comme de juste.

— Et quand c'est-il que nous travaillons ?

— Demain, sans plus tarder.

— Pour lors, le banquezingue z'a dû abouler des z'arrhes.

— Un peu, mon vieux.

— Y'a-t-il gras ?

— Z'assez comme ça.

— Fais voir.

— Voilà.

Et Léonidas tira de sa poche *un seul* billet de mille francs, qu'il fit passer sous les yeux de ses compagnons.

— Part à trois ! — fit l'inconnu.

— Tu es donc de l'affaire, décidément?

— Parbleu !

— Faut de la monnaie, z'alors.

— Demande-z'en z'au comptoir, — fit Galimand.

— Plus souvent que la Madelon z'aura comme ça mille balles sous le pied gauche de son escabeau ! — répliqua Léonidas. — D'ailleurs, j'aime pas changer des *fafiots garatés* dans les endroits publics... — *la rousse* sait ça, z'et ça l'intrigue.

— Où donc que nous irons, z'alors?

— Chez le ferrailleur d'en bas de chez moi ; — c'est z'un ami, z'il nous changera le chiffon.

— Avant tout, dit Galimand, — arrêtons bien le plan pour demain.

— C'est tout arrêté, — répondit Léonidas ; — pas vrai, Tircis?

— Oui, — fit le troisième personnage, — dont la laideur sinistre jurait étrangement avec la galante appellation que Léonidas venait de lui décerner.

— Pour lors, — reprit Galimand, — la petite sera toute seule demain ?

— Eh oui... — puisque le banquezingue emmène les autres.

— Et c'est Tircis qui l'ira trouver ?

— Parbleu ! tu sais bien que c'est le seul de nous qu'elle ne connaisse pas.

— D'accord ; — mais crois-tu qu'elle ne se méfiera de rien ?

— De rien ; le coup est trop bien monté.

— Et le logement ?

— Il est prêt.

— Et la voiture ?

— Tircis z'en a une à sa disposition.

— Où ?

— Sous la remise d'un ferrailleur de la rue de la Pépinière.

— Bon ! Et les chevaux ?

— Chez z'un loueur du passage Sandrié.

— Et le costume du cocher ?

— Il est z'avec la voiture. — Voyons, z'as tu z'assez questionné ? — es-tu satisfait z'à présent ?

— Oui z'et non.

— Dame ! si la petite crie !

— Comment ? oui z'et non.

— Impossible.

— Avec ça qu'elle se gênerait, l'enfant ! Nous l'avons vue travailler chez la Belzébuth ! les oreilles m'en cornent encore !

— Je te dis qu'elle ne criera pas. D'ailleurs, je suis là, moi, le papa !... — Personne n'a rien à dire... Mais t'as toujours peur de tout, toi.

— Hé, hé, *chat échaudé* ...

— *Craint l'eau froide !...* Connu.

— Écoute donc, c'est que nous risquons la cour d'assises.

— Bah ! qui ne risque rien ! Z'et puis le banquezingue z'et aussi compromis que nous z'et nous protégera toujours.

— Le fait est que ça me rassure un peu.

— C'est z'heureux !

— Où est le rendez-vous ?

— Demain, z'à dix heures, chez moi... — Nous irons z'à la barrière Blanche, rejoindre Tircis, qui sera là z'avec la voiture.

— Convenu. — répondit Tircis.

— Pour lors, — continua Galimand, — z'allons chercher la monnaie !... — Z'après-demain matin nous aurons chacun deux cents jaunets, — ça sera gentil ! — Vive la joie z'et les pommes de terre ! Ça se trouve d'autant mieux que Paméla z'à évu des désagréments z'avec son monsieur z'ét que pour le quart d'heure z'elle me laisse z'un peu z'à sec !

Et les trois dignes compagnons quittèrent ensemble le cabaret du *Jardin d'Idalie*.

Le lendemain matin, — ainsi que cela avait été convenu la veille, — l'une des voitures de M. de Vaunoy vint prendre les deux jeunes gens à huit heures.

Léontine, demeurée seule, passa toute la matinée plongée dans une rêverie délicieuse, et comparant, avec une ivresse plus facile à comprendre qu'à exprimer, son passé si triste et son avenir si radieux.

Vers onze heures du matin, et au moment où la fille achevait de déjeuner, Joseph entra.

— Mademoiselle, — lui dit-il, — il y a là, dans l'antichambre, quelqu'un qui veut vous parler...

— Quelqu'un ?

— Oui, mademoiselle, un monsieur...

— Et qui veut me parler, à moi ? — fit Léontine extrêmement étonnée.

— Oui, mademoiselle, il a bien dit : *Mademoiselle Léontine Aubry*.

— Répondez-lui que je ne puis recevoir.

— C'est ce que j'ai fait.

— Eh bien ?

— Il insiste, — il dit qu'il vient pour une chose de la plus extrême importance et qui ne peut pas se remettre... — Il paraît du reste regretter beaucoup que M. Maurice ne soit pas à la maison.

— Est-ce un jeune homme ?

— Oh ! non, mademoiselle.

Léontine hésita.

Pendant un instant elle s'affermit dans sa résolution de ne recevoir personne ; — mais elle réfléchit que peut-être en effet il s'agissait d'une chose grave et qui pouvait intéresser Maurice, et elle donna l'ordre à Joseph de faire entrer le visiteur inconnu dans l'atelier, où elle irait le rejoindre.

Joseph obéit.

Au bout d'un instant, Léontine, ayant jeté sur ses beaux cheveux blonds une voilette de dentelle noire, ouvrit la porte de l'atelier et se trouva face à face avec le nouveau venu.

Ce nouveau venu, nous le savons déjà, c'était Tircis.

Un costume entièrement noir, très-convenable, du linge irréprochable, et une cravate blanche, le métamorphosaient absolument.

Peut-être, pour le regard rigide d'un observateur, n'aurait-il point eu la physionomie d'un très-honnête homme ; mais à coup sûr il n'avait plus l'air d'un bandit.

Il s'inclina respectueusement devant la jeune fille et lui dit :

— Pardonnez-moi, mademoiselle, de venir vous trouver dans cette maison où je n'aurais pas dû me présenter, et croyez bien qu'il faut une circonstance impérieuse, — la plus impérieuse peut-être de toutes, — pour me contraindre à troubler ainsi votre tranquillité. — Malheureusement, il ne dépendait point de moi d'agir autrement que je ne le fais, et ma démarche trouve son excuse en elle-même.

Les paroles qui précèdent furent prononcées lentement, d'un ton grave et quelque peu solennel.

— Je ne vous connais pas, monsieur, — répondit Léontine, — je ne puis donc deviner ce que vous avez à me dire, — mais j'éprouve en vous écoutant une inquiétude irraisonnée et involontaire dont je vous prie de me tirer au plus tôt... — Un malheur me menace-t-il ? — Venez-vous à moi de la part de quelqu'un ?

L'inconnu s'inclina de nouveau.

— Mademoiselle, — répondit-il ensuite, —

je viens à vous de la part de votre père...

— De mon père ?... — balbutia Léontine.

Elle devint très-pâle, et un frisson convulsif passa dans tous ses membres.

— De mon père !... — répéta-t-elle avec épouvante. — Mon Dieu ! que me veut-il ? et pourquoi donc se souvient-il de moi ?

— Il désire ardemment vous revoir...

— Jamais !... — jamais !... — s'écria la jeune fille.

— Laissez-moi du moins, mademoiselle, — reprit l'inconnu, — laissez-moi accomplir jusqu'au bout ma triste mission... — votre père est malade... gravement malade... et moi, son médecin... je ne puis vous cacher que je regarde les ressources de la science comme impuissantes pour le sauver...

— Oh ! mon Dieu !... mon Dieu !... — balbutia la jeune fille, — que dites-vous, monsieur ?...

— La vérité, mademoiselle, rien que la vérité.

— Ainsi, mon père va mourir ?...

— Je le crains, mademoiselle. — Le médecin est tout à la fois le confesseur de l'âme et du corps ; — il supplée presque le prêtre, quand le prêtre est absent. — Votre père m'a raconté sa vie, et ses torts envers vous, qui sont plus que des fautes et sont presque des crimes. — Je l'ai calmé, je l'ai consolé. — Je lui ai dit que le pardon de sa fille emporterait ses remords, car il se repent, je vous le jure, et c'est de son lit d'agonie qu'il m'envoie à vous pour vous supplier de lui prouver par votre présence que vous lui pardonnez et qu'il peut mourir en paix... — J'ai dit ce que je devais vous dire, mademoiselle ; maintenant faites ce que votre conscience vous inspirera...

— Ah ! — s'écria Léontine avec effusion et les yeux pleins de grosses larmes, — mon père souffre, mon père est mourant, il se repent et il m'appelle... — Comment lui résisterais-je, monsieur?... Tout est oublié... tout est pardonné !...

— Sainte et noble enfant !... — murmura l'inconnu en faisant le geste d'essuyer ses yeux, que son attendrissement mouillait sans doute.

— Je vais courir auprès de mon père... — reprit Léontine.

— Mais vous ne savez pas où il demeure...

— N'est-il donc plus au même endroit ?

— Non, mademoiselle.

— Alors donnez-moi vite son adresse, mon-

sieur... — Je ne veux pas perdre un instant...
— je tremble d'arriver trop tard...

— Votre père était sans ressources et sans abri quand il est tombé malade.

— Oh! mon Dieu!...

— Mais il a été recueilli par des gens charitables qui l'ont pris avec eux, et il se trouve maintenant à la campagne, près de Neuilly...

— Eh bien, monsieur, l'adresse de cette maison de campagne?...

— Comme j'ai pensé que vous n'hésiteriez pas un instant à accomplir l'acte de dévouement filial que je venais réclamer, j'ai voulu mettre ma voiture à votre disposition... — Je vous demanderai seulement la permission de vous laisser partir seule, car j'ai quelques malades à visiter dans ce quartier...

— Monsieur, — balbutia Léontine en nouant vivement les brides de son chapeau et en jetant un châle sur ses épaules, — je ne veux pas vous priver de votre voiture... — Le domestique de M. Maurice va courir me chercher un fiacre...

— Vous ne sauriez faire autrement, mademoiselle, que d'accepter ma proposition...

— Pourquoi donc?

— Je vous répète que les braves gens chez

lesquels se trouve votre père habitent une petite maison située dans la campagne. — Cette maison ne portant ni numéro, ni indication de rue, vous comprenez qu'il me serait complètement impossible de préciser l'adresse, et vous-même ne pourriez venir à bout de la découvrir... — Mais mon cocher, qui m'y mène chaque jour depuis plus d'une semaine, la connaît parfaitement...

— J'accepte donc, monsieur, — interrompit Léontine qui, dans le trouble de son esprit, ne pouvait réfléchir à ce qu'offrait d'étrange l'insistance du médecin, j'accepte et je vous remercie.

— Eh bien, mademoiselle, nous partirons quand vous voudrez...

— A l'instant, monsieur...

Léontine frappa sur un timbre.

— Joseph, — dit-elle au domestique, — je sors...

— Si mademoiselle n'est pas rentrée quand monsieur reviendra, que faudra-t-il dire à monsieur?

— Je vais lui écrire quelques lignes...

Léontine prit une feuille de papier, sur laquelle elle traça vivement les mots suivants :

« Mon ami,

» Mon père est agonisant ; — il se repent et il m'appelle auprès de lui...

» Je fais ce que vous-même me conseilleriez de faire ; — j'obéis à cette prière suprême...

» Le cœur de votre Léontine reste avec vous. »

Léontine cacheta ce billet, — que le médecin n'avait pu voir écrire sans un très-vif sentiment de malaise, difficilement dissimulé, — puis elle le remit à Joseph.

— Me voici, monsieur, — dit-elle ensuite.

Le médecin s'empressa de lui offrir son bras pour descendre l'escalier.

Aucune crainte personnelle, aucune inquiétude, aucune défiance ne lui traversait l'esprit.

Elle ne voyait que son père, rendant peut-être en ce moment son dernier souffle et appelant vainement sa fille absente.

Tous les mauvais traitements infligés à son enfance, toutes les infamies imposées à sa jeunesse, s'effaçaient de sa mémoire sans y laisser de trace.

Le devoir filial lui donnait un ordre absolu ; — elle obéissait sans arrière-pensée.

Du reste, il faut bien en convenir, avec une jeune fille aussi douce et aussi noblement généreuse et dévouée que l'était Léontine, le traquenard était habilement tendu, la ruse adroitement ourdie, et la simplicité même des moyens d'exécution garantissait le succès.

Aussitôt que Léontine fut arrivée dans la rue avec son guide, ce dernier ouvrit lui-même la portière d'un assez joli coupé.

— Montez, mademoiselle... — dit-il.

Puis il referma la portière après que Léontine eut pris place dans la voiture, et il cria au cocher :

— A Neuilly, — et ne ménagez pas le cheval ; — vous resterez à la disposition de mademoiselle pour son retour à Paris.

La voiture partit à une allure extrêmement rapide.

— Emballée !... — murmura le prétendu médecin, au moment où le coupé disparut au tournant de la rue Pigale.

Et il accompagna ce mot caractéristique d'un geste qui s'accordait mal avec la sévérité de son costume doctoral.

— Maintenant, — reprit-il en tirant de sa poche un cigare qu'il se disposa à allumer, — maintenant le reste regarde Léonidas, et, de main, nous toucherons nos billets carrés !... Quelle noce !...

Et, à son tour, il descendit gaiement la rue, tout en fredonnant un refrain d'opéra-comique.

Au moment où il s'apprêtait à entrer dans cet estaminet qui se trouve situé rue Saint-Lazare, presque en face la rue de la Chaussée-d'Antin, et qui s'appelle, nous le croyons du moins, l'estaminet du Mont-Blanc, une femme, de tournure lourde et commune, mais vêtue avec la plus prétentieuse élégance, hâta le pas pour se rapprocher de lui.

Elle l'atteignit, et lui frappa familièrement sur l'épaule.

Le faux médecin tressaillit, selon la coutume des gens qui n'ont pas la conscience nette, et il se retourna vivement.

— Bonjour, Tircis ! — lui dit alors la femme qui venait de l'arrêter.

— Tiens ! tiens ! — fit-il en riant, — tiens, c'est vous, m'ame Belzébuth !... — Mais bonjour, donc !... — comment que ça va ?...

XIII

MINE ET CONTRE-MINE

— Comment donc que ça va, — ma bonne petite m'ame Belzébuth ?... — répéta le faux docteur de l'air le plus souriant et le plus galant du monde.

— Point trop mal... point trop mal... — répondit l'entremetteuse du même ton.

— Et d'où donc que vous venez comme ça ?

— De faire mes petites affaires, mon pauvre monsieur Tircis...

— Ça boulotte-t-il ?... — êtes-vous contente ?

— Assez bien... — Eh ! mon Dieu ! je ne me plains pas... — Il faut savoir se contenter, en ce bas monde... et je suis, ma foi, très-satisfaite...

— Allons, tant mieux !

— Vous êtes bien bon.

— Non, mais, parole d'honneur, je vous aime ! — Le diable m'emporte si je sais pourquoi.

— Ce bon Tircis !...

— Cette chère amie ! — Et vous vous en allez, comme ça, chez vous, tout de ce pas ?...

— Ah ! grand Dieu non !... je vais joliment loin d'ici, au contraire, — de l'autre côté de l'eau.

— Peut-on savoir ?...

— Oh ! parfaitement. — Je vais au palais de justice... — la trotte est assez coquette, comme vous voyez.

— Au palais de justice, — répéta Tircis. — Ah bah ! — est-ce que vous auriez des désagréments avec monsieur le procureur impérial ? — Est-ce que la sixième chambre vous aurait adressé une invitation ?

— A moi, par exemple ! pour qui me prenez-vous ?...

— Dame ! ça s'est vu.

— Possible ; — mais ça ne se verra plus... — je me rends au palais dans un but moral, mon bonhomme !

— Tiens ! tiens ! tiens !...
— Je vais déposer une plainte.
— On vous a volée ?...
— On veut me voler.
— Ah ! ça n'est pas gentil !... — Et quel est le bandit ?...
— Ils sont deux.
— Est-ce que je les connais ?
— Parbleu !...
— Eh bien, dites-moi leurs noms.
— Pourquoi faire ?
— Histoire de satisfaire ma curiosité légitime.
— Eh bien, l'un de ces drôles s'appelle Léonidas.
— Léonidas ! — répéta le faux médecin en riant aux éclats.
— Ah ! vous trouvez ça drôle ?...
— Mais z'oui... — et l'autre ?
— L'autre répond au nom de Tircis.
— Moi ?...
— Vous-même, mon fils.
— Ah çà ! mais, vous plaisantez, m'ame Belzébuth ?...
— Jamais de la vie !...
— Je vous jure que je ne sais pas ce que vous voulez dire...

— Ah ! vous croyez, Léonidas et vous, qu'on peut flibuster comme ça les amis et abuser de la confiance d'une honnête femme pour lui subtiliser ses bénéfices ?... — A d'autres, mes gaillards ! — Voilà deux heures que je monte une garde hors de tour, sous une porte cochère, dans le haut de la rue Pigale, — j'ai tout vu de mes deux yeux ! — On vous avait vendus, mes petits amours, et Galimand, pas si bête que vous, m'avait tout raconté ce matin.

— Ah ! le gredin, il me le payera !

— Il ne vous payera rien du tout, — je le prends sous ma protection ; — il a bien compris que l'argent du banquier ne le mènerait pas loin, et qu'avant six semaines il aurait besoin de moi... Quant à vous, mon ami Tircis, vous pouvez faire une croix sur ma porte et rayer de votre budget les jolis profits que vous réalisiez avec moi en dénichant des tourterelles à mon intention... — Sans compter que je vais raconter à M. le procureur impérial l'anecdote de ce matin... — Un enlèvement avec toutes les circonstances.. — ça l'intéressera, ce magistrat !...

— Ah ! m'ame Belzébuth, — balbutia Tircis d'un air consterné, — vous ne ferez pas cela...

— Bah !... et qui donc ... pêchera ?...

— Jamais, au grand jamais, vous ne vous décideriez à causer du chagrin aux amis...

— Ils sont jolis, les amis !...

— Je ne parle point pour Léonidas, c'est un coquin, — il a tout arrangé ; — mais, moi, ce n'est pas de ma faute, — je suis l'innocence même !...

— Ce qui est dit est dit.

— Ma bonne m'ame Belzébuth, j'aimerais mieux périr par le poignard ou par le poison que de me brouiller avec vous !...

— Alors, jetez-vous à l'eau, et que ça finisse...

— Laissez-vous attendrir !...

— Vous n'avez qu'un moyen de rapapilloter vos affaires...

— Lequel ? parlez vite !...

— C'est d'être avec moi d'une entière franchise...

— Je serai vrai comme la vérité... dans son costume le plus inconvenant.

— Eh bien, vous allez me dire où l'on a conduit la jeune fille.

— A Neuilly, parbleu !

— Eh ! je le sais bien, mais Neuilly est grand ! — Trouvez donc quelque chose en cherchant au hasard ; — autant vaudrait essayer de récolter une aiguille dans une botte de foin.

— Une petite maison blanche, avec des volets verts, — à gauche, avant le pont, — derrière Saint-James...

— Vous ne mentez pas ?

— Voulez-vous que je vous y conduise ? Vous verrez bien si je mens.

— Ce n'est pas nécessaire, — je vous crois.— Combien Léonidas vous a-t-il donné ?

— Un billet de mille, à partager entre nous trois.

— Et vous vous laissez flouer comme ça !...

— Flouer ?...

— Eh oui, triple sot !... — Léonidas en avait touché deux mille... au moins...

— Pas possible !

— J'en réponds.

— Ah ! si j'avais su !...

— Eh bien, vous savez maintenant.

— Le gueux !... — Je lui ferai son affaire !..

— Une querelle !... — mauvaise idée, — vous serez battu.

— Mais, pourtant, la chose ne peut pas se passer comme ça !...

— Voulez-vous que je vous dise ce qu'il faut faire ?

— Mais je le crois bien, que je le veux !.,.

— Vous voyez cette lettre ? — dit la Belzébuth en tirant de sa poche un billet cacheté.

— Parfaitement.

— Vous allez la prendre...

— C'est fait.

— Et la porter...

— *Subito !...* — Mais où ? — Il n'y a pas d'adresse.

— A Neuilly, — à la petite maison dont vous venez de me parler.

— Convenu.

— Vous verrez la jeune fille.

— Oui.

— En cachette.

— C'est facile.

— Et vous lui remettrez cette lettre mystérieusement.

— Parfait ! parfait ! parfait !...

— Il est indispensable que Léonidas ne se doute de rien.

— Il n'y verra que du feu.

— Alors, j'oublierai toutes vos erreurs, et vous pourrez rentrer dans mes bonnes grâces.

— Voilà le plus cher de mes vœux !...

— Maintenant, filez vite.

— C'est donc tout ?

— Oui.

— Et qu'est-ce qu'il y a au bout ?

— Vingt-cinq louis aujourd'hui, si la chose est bien faite, et autant demain matin.

— Diable ! — mille francs ! — c'est peu, — d'autant qu'il faut dire adieu aux jaunets du banquier, j'imagine...

— On ne sait pas, — je ne dis ni oui ni non.

— Dans tous les cas, rappelez-vous qu'en cas de refus ou de trahison, vous êtes sur la route de la cour d'assises...

Tircis haussa les épaules.

— Hein ? — fit l'entremetteuse étonnée.

— Parlons sérieusement, m'ame Belzébuth. — Je tiens à rester de vos bons amis, et voilà ce qui me décide. — Mais, quant à la cour d'assises, c'est une balançoire un peu trop naïve.— Vous comprenez bien que si vous alliez porter plainte, vous, le procureur impérial commencerait par vous rire au nez, et finirait par vous faire empoigner très-bien...

— Ah ! vous croyez cela ?

— Parbleu ! et vous le croyez aussi, parce que vous êtes une femme d'esprit.

— Et pensez-vous que le procureur impérial rirait au nez de Maurice Torcy, à qui j'irais tout raconter?

Tircis ne répondit pas.

— Il paraît que ça vous démonte, mon bonhomme, — poursuivit l'entremetteuse.

— C'est bon, — on se tait, et on obéit.

— A la bonne heure. — Je compte sur vous.

— Et vous avez raison. — Aujourd'hui, vingt-cinq louis, n'est-ce pas?

— Oui, et autant demain matin.

— Quand vous verrai-je?

— Ce soir, à huit heures.

— Où?

— Chez moi.

— Me garderez-vous longtemps?

— Peut-être.

— Mais si Léonidas me réclame pour surveiller l'enfant?

— Vous trouverez un prétexte pour sortir sans lui inspirer de soupçons.

— Quel prétexte?...

— Ça vous regarde. — Si on vous paye, c'est pour que vous ayiez de l'esprit.

— C'est bien, — on tâchera.

— Il ne s'agit pas d'essayer, — il faut réussir.

— On réussira.

— Partez, — soyez adroit, — et à ce soir.

— A ce soir, c'est entendu.

Tircis arrêta une citadine qui se dirigeait à vide vers la station du chemin de fer, et après avoir pris congé de la Belzébuth avec des formes obséquieuses, il monta dans cette voiture, en disant au cocher :

— Barrière de l'Etoile, mon brave !...

XIV

LE RETOUR A PARIS

Ce même jour, vers neuf heures du soir, la voiture de M. de Vaunoy ramenait Maurice et Gilbert rue Pigale, à la porte de la maison qu'ils habitaient.

Maurice nageait dans la joie en entrevoyant devant lui tout un horizon de travaux lucratifs et attrayants.

La satisfaction de son ami rendait Gilbert rayonnant.

Les deux jeunes gens gravirent rapidement les cinq étages. — Maurice, au lieu de sonner, ouvrit la porte avec une petite clef qui ne le quittait jamais.

Dans l'antichambre ils trouvèrent Joseph en train d'allumer une lampe.

— Eh bien, Joseph, — demanda Maurice, — y a-t-il quelque chose de nouveau ?... Mademoiselle est-elle encore debout ?...

— Mademoiselle n'est pas rentrée, — répondit le valet.

— Pas rentrée !... — s'écria l'artiste en éprouvant une commotion plus vive que si quelque machine électrique lui eût déchargé tout son fluide en pleine poitrine.

— Pas rentrée ! — répéta-t-il, — mais elle est donc sortie ?...

— Oui, monsieur.

— Tout à l'heure ?

— Oh ! non, monsieur... — il y a bien plus longtemps que cela... — Mademoiselle est sortie un peu après midi...

— Seule ?

— Oh ! non, monsieur...

— Mais avec qui donc, alors ?...

— Avec un monsieur tout habillé de noir, que je ne connais pas.

— Et elle ne t'a chargé de rien pour moi ?...

— Elle a laissé une lettre pour monsieur,

— Eh ! malheureux idiot !... il fallait donc

me dire cela tout de suite ! — Voyons, où est-elle, cette lettre ?

— Dans l'atelier, — sur la petite table de chêne. — Si monsieur le veut, je cours la chercher...

— Non, — reste, j'irai moi-même...

Et Maurice, prenant la lampe que Joseph venait d'allumer, entra dans l'atelier avec Gilbert.

Il saisit la lettre, la parcourut d'un seul regard et la passa à son ami.

— Nous savons déjà ce que cette lettre renfermait.

— Tu as lu ? — demanda-t-il ensuite à Gilbert.

— Oui.

— Et devines-tu ce que cela veut dire ?

— Mais il me semble que cela s'explique de soi-même... — répliqua Gilbert.

— Ainsi, tu crois à la réelle maladie de ce misérable Léonidas ?...

— Mais sans doute.

— Quoi ! cette maladie si subite ne te paraît point étrange et invraisemblable ?

— En aucune façon. — J'ai toujours pensé que l'inconduite d'un pareil homme devait indubitablement amener une mort prématurée.

— Tu as raison, et cependant j'ai beau commander à mon esprit d'être croyant... — mon esprit refuse d'obéir... — Je ne puis croire...

— Que supposes-tu donc ?

— Je suis assailli par les idées les plus sinistres...

— Quelles sont ces idées ?

— Il me semble qu'on a dû tendre un piége devant Léontine et que la malheureuse enfant est tombée dans ce piége...

— Un piége !... mais dans quel but ?

— Tu demandes dans quel but ? — Ne te rappelles-tu donc pas ce premier crime dont Léontine a failli être victime ?

— Mon ami, je t'en supplie, ne t'alarme pas ainsi !... — domine ton exaltation !...

— Oh ! Léontine ! Léontine ! s'écria Maurice sans écouter Gilbert. — Où es-tu ?... — où es-tu ?... — Mon Dieu, j'étais trop heureux !

— Maurice, encore une fois, au nom du ciel, calme-toi !

— Tu veux que je me calme, quand j'ignore ce que Léontine est devenue ! quand elle souffre sans doute loin de moi ! quand, sans doute, elle m'appelle, et que je ne puis pas accourir à sa voix !... quand, peut-être, des misérables accomplissent en ce moment leurs hideux projets !... — Non, non, il ne s'agit pas de se calmer et d'attendre !... il faut agir, — j'agirai.

Et, tout en prononçant ces paroles, Maurice prenait son chapeau et se disposait à sortir.

— Où vas-tu ? lui demanda Gilbert.

— A la demeure de Léonidas d'abord, — puis ensuite chez le commissaire... — puis à la préfecture de police... — Il faut, si je n'ai pas retrouvé Léontine dans une heure, que cette nuit on fouille Paris tout entier.

— Veux-tu que je t'accompagne ? — reprit Gilbert.

— Non, reste ici, je t'en prie.

— Pourquoi ?

— Parce que, si Léontine rentrait pendant mon absence, il faut qu'elle trouve quelqu'un pour la recevoir. En quittant le logement de Léonidas, et avant d'entreprendre toute autre démarche, je repasserai ici.

— Soit, je t'attends.

— Oh ! sois tranquille, tu n'attendras pas longtemps... je ne perdrai ni une minute ni une seconde.

— Alors, va vite, et bonne chance.

Maurice sortit, ou plutôt il se précipita au dehors.

Au bout de trois quarts d'heure à peu près, il revint.

Il était haletant, et son visage, fortement altéré déjà au moment de son départ, se décomposait de plus en plus.

— Rien ici, n'est-ce pas ? — demanda-t-il.

— Hélas ! non.

— Rien non plus là-bas.

— Ainsi, Léonidas ?...

— N'est pas plus malade que nous... On l'a vu ce matin dans la maison qu'il habite ; il en est sorti en compagnie d'un autre misérable qui ne le quitte guère... — Tu vois combien j'avais raison de croire à un piége et de redouter un malheur... — Je vais à la préfecture de police.

— Mais, mon ami, — on ne t'écoutera pas !...

— Et pourquoi donc ne m'écouterait-on pas ?

— Tu n'as aucun droit sur Léontine, — et d'ailleurs, jusqu'à présent, rien, absolument rien, n'indique la violence.

— Que faire, alors ?... — mon Dieu ! que faire ? — s'écria Maurice en parcourant l'atelier avec une agitation et une fureur pareilles à celles d'une bête fauve enfermée dans une cage trop étroite.

— Il faut attendre, mon ami... attendre au moins jusqu'à demain...

— Attendre...ainsi...dans l'état où me voilà?

— Il le faut bien !

— Mais c'est impossible !... mais c'est impossible !

— Pourquoi ?

— Si la nuit doit se passer dans de semblables tortures, demain je serai mort, ou demain je serai fou !...

Et de grosses larmes roulaient sur les joues livides de Maurice.

En ce moment, la sonnette de l'antichambre se fit entendre.

L'artiste s'arrêta brusquement, — il releva la tête, et une flamme soudaine jaillit de ses yeux.

— Ah ! — balbutia-t-il d'une voix éteinte, — si c'était elle !...

Et bondissant jusqu'à la porte qui de l'atelier donnait dans l'antichambre, il ouvrit cette porte.

— Qui est-ce ? — cria-t-il à Joseph.

— Une dame... — répondit ce dernier.

— Mademoiselle ?...

— Non, monsieur ; mais une dame qui vient de sa part.

— Où est-elle, cette dame ?... Qu'elle entre !... qu'elle entre !...

— Me voici, monsieur Torcy, — répondit une voix que Maurice connaissait déjà.

Et une femme voilée pénétra dans l'atelier.

— Parlez, madame... — dit vivement l'artiste ! — si, en effet, vous venez de la part de Léontine, au nom du ciel, parlez !...

La visiteuse leva son voile.

Maurice tressaillit, et fit involontairement un pas en arrière comme s'il venait de marcher sur un serpent ou sur quelque autre animal immonde.

Il reconnaissait l'entremetteuse.

— Vous ! vous ici !... — cria-t-il ; — ah ! qu'y venez-vous faire ?... — Malheur à vous, si c'est une mauvaise nouvelle que vous m'apportez !...

— Eh ! non ! ce n'est pas une mauvaise nouvelle, — répliqua l'entremetteuse ; — c'est au contraire une nouvelle que vous payeriez bien cher, et que je vais vous donner pour rien !...

XV

LES ROUERIES DE LA BELZÉBUTH

— Oui, une bonne nouvelle, — répéta la Belzébuth, — la plus excellente nouvelle qui se puisse imaginer pour un amoureux...

— Alors, madame, ce que je vous disais tout à l'heure, je vous le dis encore, parlez !...

— Je viens vous tranquilliser et vous apprendre où se trouve en ce moment mademoiselle Léontine, parfaitement en sûreté...

— Ah ! madame, si cela est vrai... si par vous j'arrive à sauver Léontine, — non-seulement je vous pardonnerai vos infamies passées, mais encore je vous récompenserai d'une façon qui dépassera toutes vos espérances...

— Ah! monsieur Torcy, — répliqua la Belzébuth en faisant une grande révérence, — je m'en rapporte bien à votre générosité!...

— Hâtez-vous donc de me dire où je pourrai retrouver Léontine!...

— Eh bien, si vous voulez m'accompagner, je vais vous conduire...

— A l'instant, — Joseph!...

— Monsieur!...

— Une voiture...

La Belzébuth intervint.

— Inutile! — dit-elle, — j'en ai une en bas.

— Ah!... fit Maurice d'un ton défiant.

— Soyez tranquille, — répondit l'entremetteuse, rien ne vous empêche d'emmener avec vous votre ami, et même votre domestique. — Vous voyez que je n'ai point d'arrière-pensée et que je me mets absolument entre vos mains.

— Partons!... partons! — dit Maurice en se dirigeant vers l'escalier, suivi par la Belzébuth et par Gilbert.

Un coupé stationnait dans la rue.

Tircis était assis sur le siège, à côté du cocher.

Nos trois personnages prirent place dans la voiture, qui roula rapidement dans la direction de Neuilly.

Il est évident que nous devons à nos lecteurs une explication.

Cette explication, nous allons la leur donner à l'instant même et aussi brièvement que possible.

Comment et pourquoi la Belzébuth avait-elle si complétement changé de tactique à l'endroit de Léontine?

Dans quel but, au lieu de persister à vouloir jeter la jeune fille dans les bras de M. de Vaunoy, faisait-elle les plus louables efforts pour la rapprocher de Maurice?

Enfin, le regret du passé et quelques bons sentiments entraient-ils pour une part petite ou grande dans cette brusque volte-face?

Telles sont les trois questions que nous avons à résoudre.

Et, tout d'abord, nous pouvons répondre par une négative absolue à la troisième de ces questions.

En apprenant par la délation intéressée de Galimand, que Léonidas avait résolu de se passer d'elle et de la frustrer ainsi de la *juste et légitime* rémunération de ce qu'elle nommait ses soins et ses peines, la Belzébuth avait conçu le projet de se venger.

Mais il importait fort, pour cette âme vénale, que la vengeance fût lucrative.

Ajoutons à ce désir si naturel le souvenir encore très-présent d'une certaine visite de Maurice Torcy, visite à laquelle nous avons fait assister nos lecteurs, et la crainte fort bien fondée que le jeune homme ne vint à réaliser les menaces formulées par lui dans cette circonstance.

L'entremetteuse était parfaitement convaincue que Maurice, désespéré et exaspéré par la disparition de Léontine, n'hésiterait pas à porter plainte.

Évidemment, — dans cette plainte, elle, la Belzébuth, serait placée en tête de la liste des coupables présumés.

Or, de trop fréquents démêlés avec la justice faisaient redouter plus que tout au monde à la digne femme une nouvelle comparution devant un juge d'instruction.

Elle comprenait à merveille que, quoique parfaitement étrangère à l'affaire du rapt, elle n'en aurait pas moins à rendre compte, — et un compte effroyablement sévère, — de l'emploi du narcotique qui avait failli tuer Léontine.

Bref, une fois dans les mains de messieurs du parquet, comment en sortirait-elle ? — Et même en sortirait-elle ?...

La Belzébuth se dit tout cela en beaucoup moins de temps que nous n'en avons mis à l'écrire.

Comme la plupart de ses collègues, l'entremetteuse avait un esprit délié et subtil; elle possédait une certaine adresse, une grande habitude de l'intrigue, et le désir, développé outre mesure, de manger à tous les râteliers et de recevoir de toutes mains.

Elle entrevit la possibilité, non-seulement de se tirer complétement d'affaire, mais encore de se venger de Léonidas et de spéculer sur deux personnes à la fois.

Son plan fut promptement arrêté; et bien que connaissant d'avance la plus grande partie des détails de l'enlèvement, elle ne s'opposa en aucune façon à l'exécution de cet enlèvement.

Seulement, elle passa chez le banquier au moment où il venait de partir avec Maurice et avec Gilbert, et elle laissa pour lui une lettre dans laquelle elle le priait, de la façon la plus instante, de passer chez elle au moment précis, de son retour d'Essonne.

Elle avait à lui faire, — disait-elle, — une communication de la plus extrême importance et qui ne souffrait pas de retard.

Le nom de Léontine, adroitement mêlé à

quelques phrases ambiguës, devait infailliblement persuader au vieil amoureux que la jeune fille se trouvait chez la Belzébuth.

Ce n'est pas tout.

Nous avons vu l'entremetteuse remettre à Tircis une autre lettre, avec l'ordre de la porter immédiatement à la petite maison de Neuilly et de la donner à Léontine à l'insu de Léonidas.

Le but de cette lettre était de rassurer la jeune fille sur les conséquences de sa situation, et de lui promettre qu'avant la fin de la journée Maurice Torcy viendrait à son aide.

Disons tout de suite que Tircis, moitié par cupidité et moitié par frayeur, s'acquitta fort consciencieusement et fort adroitement de sa commission.

L'épitre de l'entremetteuse à M. de Vaunoy fut également remise, au moment où le banquier, revenant d'Essonne, descendait de voiture.

Cette épitre produisit son effet.

M. de Vaunoy remonta dans son coupé et se fit conduire aussitôt chez l'entremetteuse.

Cette dernière l'attendait de pied ferme.

Elle commença par lui prouver qu'elle savait sur le bout du doigt tous les détails de la nouvelle intrigué ourdie par Léonidas et par Galimand, dans le but de lui livrer Léontine.

Elle traita ensuite avec toute l'habileté d'un jurisconsulte émérite les questions de rapt, de violence, de détournement de mineure, au point de vue de la pénalité légale.

Bref, elle effraya le banquier en faisant passer sous ses yeux les conséquences terribles et scandaleuses d'une pareille affaire ardemment poursuivie par Maurice Torcy.

Elle lui fit envisager en outre l'état de dépendance honteuse et incessante dans lequel le tiendraient ses misérables complices, en admettant, — chose improbable, — qu'il parvînt à échapper à toute poursuite judiciaire.

Elle entassa les démonstrations d'attachement, — les protestations de dévouement et de désintéressement.

Et enfin elle réserva pour sa péroraison le portrait, touché de main de maître, des charmes irrésistibles d'une jeune actrice, aussi jolie que Léontine, beaucoup moins prude, et notablement pourvue de ces appas provoquants que les Orientaux apprécient et que les vieux libertins ne dédaignent point.

Cette jeune comédienne, — avons-nous besoin de le dire ? — était Paméla.

Ne fallait-il point récompenser Galimand de son utile délation ?...

Ah! madame Belzébuth avait bien raison de l'affirmer, — mieux valait être de ses amis que de ses ennemis !...

Toutes ces considérations, ainsi présentées, produisirent sur M. de Vaunoy un très-grand effet.

Il était sensuel, — mais il était poltron.

Il sacrifiait beaucoup à ses passions de vieillard lubrique, — mais le scandale lui faisait une horrible frayeur.

A la seule pensée de se voir assis sur les bancs de la cour d'assises, — lui, l'un des rois de la banque parisienne ! — ceux de ses cheveux qui lui appartenaient se dressaient d'épouvante sur son crâne !

D'un autre côté, il éprouvait pour Léontine un caprice très-vif, mais point du tout une de ces passions terribles qui, du cœur d'un vieillard, font parfois un volcan...

Et puis, l'image de la nouvelle merveille que lui promettait l'entremetteuse, était si séduisante...

Bref, le banquier se laissa persuader et prit rendez-vous avec la Belzébuth pour la présentation officielle de mademoiselle Paméla.

Aussitôt que le banquier fut parti, l'entremetteuse, enchantée du premier résultat qu'elle venait d'obtenir, prit rapidement le chemin du logis de Maurice, et nous l'avons vue mettre en scène la seconde partie de sa combinaison machiavélique.

XVI

LA MAISON ISOLÉE

Rejoignons maintenant, si vous le voulez bien, — ceux de nos personnages qui roulent rapidement sur la route de Neuilly.

Il était un peu plus de dix heures et demie au moment où la voiture, rapidement menée, arrivait à la barrière de l'Étoile et s'engageait dans cette longue avenue qui aboutit au pont de Neuilly, après avoir côtoyé une partie du bois de Boulogne.

La soirée était magnifique.

Des myriades d'étoiles rendaient la nuit lumineuse et faisaient ressembler le ciel parisien aux plus beaux ciels d'Italie.

La brise printanière était tiède et toute chargée des parfums des arbres en fleur.

Le coupé, pour éviter la poussière des bas côtés de la route, courait sur la chaussée pavée, et menait si grand bruit que toute conversation était impossible entre madame Belzébuth et les deux amis.

Seulement, — de temps à autre, — Maurice témoignait de son impatience et de son anxiété par quelque brusque exclamation qu'il n'était point le maître de réprimer.

Au moment d'atteindre la tête du pont, la voiture s'arrêta.

— Sommes-nous arrivés ? — demanda Maurice.

— Pas encore... — répondit l'entremetteuse ; — mais il faut faire le reste de la route à pied, afin de ne point risquer de donner l'éveil à Léonidas...

— Et sommes-nous loin du but?

— A dix minutes de chemin, tout au plus...

Tircis et la Belzébuth marchèrent en avant. — Maurice et Gilbert les suivirent.

Les dix minutes annoncées n'étaient pas encore écoulées complétement, quand Tircis fit halte en disant :

— Nous y voici.

En ce moment, l'enceinte de Saint-James se trouvait à gauche, et l'on voyait, sur la droite, une maisonnette blanche, à demi-cachée derrière des massifs de grands arbres.

Il n'y avait pas de muraille de clôture, mais seulement une haie d'aubépines, fort bien entretenue, artistement taillée, et formant une défense véritablement formidable.

Une porte rustique, située en face de l'entrée de la maisonnette, donnait accès dans le jardin.

Maurice essaya de pousser cette porte.

Elle était fermée à clef, et semblait parfaitement solide.

— Comment faire ? — demanda-t-il.

— C'est bien simple, — répondit Tircis en mettant une clef dans la serrure ; vous voyez que ça n'est pas plus difficile que ça !...

En effet, la porte rustique tourna sans bruit sur ses gonds.

Nos quatre personnages pénétrèrent dans l'enceinte.

De la route à la maisonnette, il y avait tout au plus deux cents pas.

La façade fort élégamment construite n'avait qu'un rez-de-chaussée et qu'un premier étage.

Une clarté faible et presque indistincte brillait à l'une des fenêtres du premier.

Une lueur plus vive, intermittente, et d'un aspect véritablement diabolique, apparaissait à travers les vitres du rez-de-chaussée.

— Qu'est-ce que ça peut donc être que cette lumière-là?... — dit la Belzébuth fort intriguée.

— Oh! moi, je devine... répondit Tircis en riant.

— Alors, je demande une explication.

— Parbleu! ils font du punch... — Je mettrais ma tête à couper que c'est tout bonnement ça!..,

— ILS FONT... — répéta Maurice en appuyant sur ce pluriel; — il y a donc dans cette maison plusieurs hommes?

— Il y a Galimand avec Léonidas, — dit la Belzébuth; — mais ne vous inquiétez pas de Galimand, qui ne se trouve là que pour la frime, — il est pour nous... — C'est lui qui m'a vendu la mèche... — Maintenant, avançons si vous voulez.

La Belzébuth donna l'exemple, et ses compagnons la suivirent.

Tous les quatre s'approchèrent de l'une des fenêtres à travers lesquelles on voyait luire et disparaître ces lueurs intermittentes dont nous parlions tout à l'heure.

Ils purent s'assurer alors, par leurs propres yeux, que Tircis, garçon fort expérimenté en ces sortes de matières, ne s'était pas trompé dans ses conjectures.

Dans une pièce qui servait de salle à manger, Léonidas et Galimand étaient assis en face l'un de l'autre, séparés par une table sur laquelle se trouvait un immense saladier rempli de rhum enflammé, que Léonidas agitait avec une cuiller à potage.

Quatre ou cinq bouteilles vides, placées à côté du saladier, indiquaient d'une façon incontestable la capacité du récipient.

Un pain de sucre décapité, — des citrons dont le zeste et le jus avaient été enlevés, — des paquets de cannelle et des petits monceaux de clous de girofle, prouvaient jusqu'à l'évidence que le punch préparé par ces amateurs émérites devait être un punch hors ligne.

De minute en minute Léonidas interrompait sa besogne pour remplir le verre de Galimand et le sien.

Puis, tous deux, comme si leurs gosiers eussent été doublés de fer-blanc, avalaient, sans s'y reprendre à deux fois, le liquide presque incandescent.

Léonidas semblait déjà plus qu'à moitié gris.

Son visage pâle et flétri, sur lequel tranchait son nez que la boisson empourprait, éclairé par les flammes bleuâtres du punch, offrait un aspect presque satanique.

Dans les rares moments où il ne buvait pas, on l'entendait chanter à tue-tête :

> Avait pris femme,
> Le sir' de Franc-Boisy !...
> Avait pris femme,
> Le sir' de Franc-Boisy !...
>
> La prit trop jeune,
> Le sir' de Franc-Boisy !...
> La prit trop jeune !
> Bientôt s'en repentit !...

Puis il s'interrompait pour boire de plus belle, et pour donner de grands coups de poing sur la table.

— Ah ! — murmura Maurice à demi-voix, — si ce misérable n'était pas le père de Léontine...

Il n'acheva pas sa phrase.

Mais la Belzébuth l'avait entendu.

— Eh bien, qu'est-ce que vous feriez ? — lui demanda-t-elle.

— J'éprouverais une volupté bien vive à lui casser un peu les reins.

La Belzébuth se frotta joyeusement les mains.

— Eh bien, monsieur Maurice, — répliqua-t-elle, — que rien ne vous empêche de vous en passer la fantaisie...

— Quoi ?... Comment ?... Que voulez-vous dire ?... — balbutia Maurice, n'osant pas comprendre ce qu'il entendait.

— Parbleu ! je veux dire que Léontine n'est pas plus la fille de Léonidas que la mienne...

— Et c'est vrai ?... bien vrai, cela ?... — demanda le jeune homme avec un transport de joie facile à comprendre. — Vous ne vous trompez pas ?...

— Foi de Belzébuth ! — je vous autorise à me casser les reins, comme à Léonidas, si je mens !...

Complétemen rassuré par cette affirmation qui, en effet, ne pouvait laisser subsister dans son esprit l'ombre d'un doute, Maurice se hâta d'arracher un long bâton fiché dans la plate-bande et qui servait de tuteur à un magnifique rosier du Bengale.

Il tendit ce gourdin improvisé à Gilbert et il en arracha un second pour lui-même.

— Maintenant, — dit-il à la Belzébuth, — entrons...

— Attendez donc ! — répliqua l'entremetteuse. — A quoi ça sert-il de manœuvrer avec effraction et escalader quand on peut s'en dispenser ?

—Mais comment ?

— C'est l'affaire de Tircis... — Dissimulons-nous derrière l'angle de la maison, et vous allez voir...

Les deux jeunes gens suivirent le conseil et l'exemple de la Belzébuth.

Aussitôt qu'ils eurent disparu, Tircis frappa deux ou trois petits coups contre la vitre.

Léonidas, surpris à l'improviste, fit un bond sur sa chaise, et son mouvement fut si brusque que la cuiller à potage, violemment agitée dans le saladier rempli de punch, fit jaillir le breuvage incandescent sur la table et sur le parquet, comme une nappe enflammée.

Ce simulacre d'incendie s'éteignit d'ailleurs presque aussitôt sans avoir causé le moindre dégât.

Le reste du punch s'éteignit en même temps, et la chambre se trouva plongé dans une obscurité à peu près complète, car la mèche fumeuse d'une unique chandelle ne servait qu'à rendre les ténèbres visibles.

— Qui va là ? — cria Léonidas d'une voix que l'ivresse rendait encore plus rauque et plus saccadée que de coutume.

— Moi ! pardieu !...

— Qui, toi ?...

— Tircis... — Allons, ouvrez donc !...

— Ah ! c'est toi, mon ami Tircis !... ah ! c'est toi !... — balbutia Léonidas en se dirigeant, d'un pas chancelant, vers la porte de sortie de la salle à manger.

Les deux jeunes gens et la Belzébuth quittèrent leur abri et se rapprochèrent de Tircis.

On entendit tirer les verrous de la porte d'entrée.

La clef tourna une première fois dans la serrure.

— Es-tu seul ?... — demanda Léonidas depuis l'intérieur.

— Eh oui, certes ! je suis seul... — Avec qui serais-je ?...

La clef tourna une seconde fois.

La porte s'ouvrit, et le vieux modèle, fort mal affermi sur ses jambes titubantes, parut sur le seuil.

En ce moment, Maurice était derrière Tircis.

D'un mouvement rapide il écarta ce dernier, et, sautant à la gorge de Léonidas, il fit pleuvoir sur son dos une grêle de coups de bâton, en répétant d'une voix sourde et étranglée par la fureur :

— Tiens, misérable, tiens !... tiens !... tiens ! tu ne l'as pas volé !...

— A l'assassin ! — hurlait Léonidas en se débattant vainement sous la formidable étreinte du jeune peintre qui frappait toujours.

— Ne le tuez pas !... — ne le tuez pas !... — dit la Belzébuth, — ça vous mettrait une vilaine affaire sur les bras !...

— Vous avez raison... — répondit Maurice. — D'ailleurs, il doit en avoir assez, et je crois que la leçon sera bonne...

Et repoussant le vieux gredin de toute la force de son bras, il l'envoya rouler à dix pas, comme une masse inerte, sur la terre fraîchement bêchée d'une plate-bande.

Léonidas ne criait plus et ne se releva pas.

— Pourvu qu'il ne soit pas mort... — fit Gilbert.

— Allone donc ! répliqua l'artiste, — c'est tout au plus s'il est étourdi !... ces bêtes venimeuses ont la vie dure !... — D'ailleurs, nous verrons tout à l'heure... — Maintenant, allons au plus pressé...

Et tout en parlant ainsi, il pénétra dans la maison, entra dans la salle à manger, saisit sur la table la chandelle fumante et demanda :

— Où est Léontine ?

— Dans une chambre au premier étage... — répondit Tircis. — Je vais vous montrer le chemin...

Beaucoup moins d'une demi-minute après ces derniers mots échangés, Maurice avait franchi les marches de l'escalier. — La porte de la chambre qui servait de prison à la jeune fille était ouverte, et Léontine se jetait dans les bras de son amant.

En face de certaines joies délirantes, toute plume de romancier, — même lorsque cette plume se croit habile, — est bien forcée de reconnaître sa complète impuissance.

Le cœur de mes charmantes lectrices comprendra sans peine ce que je n'essayerai même pas de décrire.

Après les premiers transports de ce bonheur surhumain, Léontine se souvint de ces cris, qui, quelques minutes auparavant, avaient frappé son oreille et dans lesquels elle avait reconnu la voix de Léonidas.

— Et mon malheureux père... — balbutia-t-elle, — que lui est-il arrivé ?

— Réjouissez-vous, chère bien-aimée, — répondit vivement Maurice. — Réjouissez-vous, car ce misérable n'est pas votre père !

— Mon Dieu !... mon Dieu !... est-ce bien possible !... Oh ! ce serait trop de bonheur !... trop de bonheur en un jour !...

XVII

FAITS PARIS

— Oui, certes, c'est un bonheur! un immense bonheur!... s'écria Maurice ; et cependant vous pouvez y croire, car c'est la vérité !...

Le moment d'une complète explication était venu.

La Belzébuth, interrogée par les jeunes gens, entra dans tous les détails nécessaires, et, répétant les paroles prononcées par Léonidas lui-même dans une circonstance que nos lecteurs n'ont point oubliée, elle prouva de la manière la plus péremptoire que les liens du sang n'attachaient en aucune façon la jeune fille au vieux modèle.

Léontine, en acquérant cette certitude, sentit une immense joie déborder dans son âme.

Cet être vil et infâme — qu'elle ne pouvait, malgré tout, que haïr et mépriser, — cet être n'était point son père !...

Cette haine instinctive, ce mépris involontaire, qu'elle avait considéré jusqu'alors comme des sentiments odieux et contre nature, devenaient naturels et légitimes.

Le lourd fardeau de remords qui jusque-là avait écrasé le cœur de la jeune fille, s'évaporait sans laisser de trace, ainsi qu'une vapeur légère.

Léontine tomba à genoux et remercia Dieu.

Quand elle se releva après son ardente action de grâces, l'adorable bonté de son âme angélique se manifesta.

— Mon ami, dit-elle à Maurice, — il faut plaindre ce malheureux et lui pardonner... — C'est une étrangère qu'il voulait perdre, et non sa propre fille ; — il est cent fois moins coupable que nous ne le pensions d'abord...

— Que votre volonté soit faite ! chère enfant bien-aimée, — répondit l'artiste. — Ce malheureux, puisque c'est ainsi que vous l'appelez, n'a pu mener à bien ses infâmes projets. — Je lui pardonne comme vous lui pardonnez vous-même...

— Vous renoncez à tirer de lui quelque vengeance que ce puisse être ?

— J'y renonce.

— Si l'occasion de lui venir en aide se présente, vous le ferez ?

— Oui, puisque vous le voulez.

— Vous me le promettez ?

— Je vous le promets.

— Vous me le jurez ?

— Je vous le jure.

— Merci de ce double sacrifice, mon ami, — merci de toute mon âme... — Et, maintenant que ce rôle d'abnégation et de charité que vous acceptez commence sans retard... — Venez voir si les suites de votre violence de tout à l'heure n'ont pas été plus graves que vous ne le croyiez vous-même...

— Allons où vous voudrez, ma chère bien-aimée... — Pour moi, vous entendre c'est obéir...

Léontine et Maurice quittèrent la chambre du premier étage, et suivis de Gilbert, de Tircis et de la Belzébuth, ils se dirigèrent vers cette plate-bande sur laquelle avait roulé le corps de Léonidas.

Ce corps avait disparu.

On voyait, modelée en creux, son empreinte,

à la place qu'il avait occupée; — mais cette empreinte et une pipe cassée en trois ou quatre morceaux, voilà tout ce qui restait de lui.

Des pas chancelants, imprimés à des distances inégales sur la terre humide, prouvaient jusqu'à l'évidence que Léonidas, un instant étourdi, s'était relevé bien vite, et qu'il s'était dirigé vers la porte de sortie qui donnait sur le chemin.

Il devenait inutile de chercher à suivre ses traces, et l'on cessa de s'occuper de lui.

Trois jours après, la conversation suivante avait lieu entre madame Belzébuth et l'honorable Galimand, le père de l'heureuse Paméla, à qui M. de Vaunoy, ivre de voluptés d'une catégorie supérieure, prodiguait les bijoux et les châles des Indes, en attendant qu'il lui offrit un petit hôtel, deux chevaux et une victoria, — ce qui ne pouvait tarder, du moins c'était l'avis du père et de la fille.

— Ah! ah! ah! m'am' Belzébuth, — disait Galimand, — vous ne savez pas...

— Qu'est-ce que je ne sais pas?

— Léonidas...

— Eh bien?...

— Eh bien! z'il est vraisemblablement véritable que le pauvre diable *z'a cassé sa pipe...*

— Vous dites?...

— Je dis que je parierais deux œufs durs contre cent z'écus de bon argent qu'il a *claqué.*

— Pourquoi supposez-vous cela?

— Parce que depuis l'affaire de Neuilly, on n'a point z'évu de ses nouvelles...

— Ah bah !...

— C'est comme ça. — Z'il n'a point reparu z'à son domicile, non plus que dans les *estam* qu'il avait l'habitude de fréquenter, z'et t'à moins qu'il ne se fusse fait z'enlever par z'une dame de la haute, z'ou par une forte marchande de marée z'en gros, ce qui m'étonnerait, il doit z'avoir *éteint son gaz...*

— Ah ! bien, ma foi, tant pis pour lui ; — c'est une fameuse canaille de moins !...

— Mam' Belzébuth, vous avez raison...

Le surlendemain du jour où ces quelques paroles avaient été échangées entre ces deux misérables, à propos d'un troisième gredin, on lisait dans les journaux de Paris, à l'article *Faits divers*, les lignes suivantes :

Hier, des pêcheurs, en retirant leurs filets dans les environs de Neuilly, ont amené dans leur barque, avec autant de surprise que d'épouvante, un cadavre dans un état de décomposition très-avancée. — Ce cadavre, autant qu'on en peut juger, est celui d'un homme de cinquante à soixante ans, vêtu avec une certaine élégance, et porteur d'une longue barbe noire.

Cette mort ne peut s'attribuer qu'à un accident ou à un suicide, car une circonstance que nous allons rapporter éloigne complétement l'idée d'un crime. Dans la poche de côté de la redingote se trouvait un billet de mille francs, que le portefeuille de cuir dans lequel il était renfermé avait préservé du contact de l'eau. — En outre, la poche du gilet contenait une certaine quantité de pièces d'or.

Du reste, ni le portefeuille ni les vêtements n'offraient d'indice de nature à faire reconnaître le cadavre, qui vient d'être transporté à la Morgue.

Deux jours se passèrent.

Le troisième jour parut un deuxième *fait divers* ainsi conçu :

Le noyé dont nous avons entretenu nos lecteurs avant-hier vient d'être reconnu à la Morgue. — Ce malheureux se nommait Aubry, et il exerçait la profession de modèle. — Il était très-connu dans les ateliers sous le sobriquet de *Léonidas*. On trouve, dit-on, ses traits

dans plusieurs tableaux des maîtres les plus illustres de ce temps-ci, Delacroix, Paul Delaroche, Decamps, Horace Vernet, Gérôme, etc...
— Sa conduite, d'ailleurs, était loin d'être régulière ; il s'adonnait à l'ivrognerie, et c'est sans doute étant en état d'ivresse qu'il sera tombé dans la Seine. — On ignore l'origine des sommes assez importantes qu'il avait sur lui.

Les suppositions, émises en fort mauvais style par le rédacteur des articles que nous venons de citer, étaient entièrement conformes à la vérité.

Léonidas, abruti tout à la fois par la frayeur et par le punch pris à trop haute dose, s'était enfui dans l'obscurité sans savoir où il allait, et, prenant la Seine pour le grand chemin, il avait rendu sa vilaine âme au diable, qui dut se trouver fort embarrassé d'une aussi laide acquisition.

Éloignons nos regards de ce hideux objet et reportons-les bien vite sur le gracieux tableau qui s'offre à nous.

L'église Notre-Dame-de-Lorette est pleine de lumières et de parfums.

Deux jeunes gens, — amants tout à l'heure et maintenant époux, — viennent de recevoir la bénédiction nuptiale.

Une foule de curieux encombre la nef.

Les femmes s'occupent du jeune mari et murmurent tout tout bas :

— Qu'il est bien !...

Les hommes regardent la mariée et disent tout bas :

— Qu'elle est belle !...

C'est qu'en effet jamais couple plus charmant n'a mis le pied d'un air plus radieux sur le seuil enchanté du bonheur légitime...

Maurice Torcy, — car nos lecteurs ont reconnu déjà Maurice et Léontine, — Maurice Torcy attache sur sa douce compagne ses yeux pleins d'ardeur et d'espoir. — Léontine lui répond par un enivrant sourire...

Ils sont heureux... — oh ! bien heureux !... et, si le ciel est juste, ils le seront toujours.

POST-SCRIPTUM

Notre ami Gilbert vient de faire jouer sa comédie au Gymnase avec un énorme succès.

La presse entière s'accorde pour lui promettre une série de cent représentations consécutives.

Il épousera dans trois mois Marguerite Clément.

FIN DE LA FLEUR AUX ENCHÈRES

UNE

HISTOIRE NORMANDE

I

COQUEREL

L'an passé, tandis que je surveillais une vingtaine de terrassiers occupés à faire des travaux dans mon jardin d'Etretat, je vis s'approcher de moi quelqu'un que je ne connaissais pas encore.

Ce quelqu'un était un homme de trente à trente-cinq ans, — un pêcheur, sans doute, car il en portait le costume, — de taille moyenne et d'une physionomie douce et intelligente,

— Monsieur, — me dit-il, — je vous souhaite bien le bonjour...

— Bonjour, mon ami, — répondis-je; — qu'y a-t-il pour votre service?...

— Je voudrais, monsieur, vous demander quelque chose...

— Quoi donc?

— Je suis d'Etretat, monsieur...

— Fort bien.

— Pêcheur de mon métier,—pêcheur de tourteaux, de homards et de salicoques. — Quand le temps est mauvais pour aller à la mer, je fais des sabots...

— A merveille. — je vois que vous ne perdez pas un instant.

— Oh! non, monsieur; — quand on n'est pas riche, le temps coûte trop cher pour en laisser. — Je m'appelle Coquerel...

— Eh bien, Coquerel, apportez à la maison des homards, des tourteaux et des salicoques, on vous en prendra; et, quant aux sabots, je crois justement que j'en ai besoin d'une paire.

— Je vous la fournirai, monsieur; mais ce n'est pas de cela qu'il est question.

— Ah! ah!...

— Je tiendrais à vous consulter.

— Me consulter?

— Oui, monsieur...
— Et à quel propos?
— On m'a dit que vous étiez auteur...
— C'est vrai.
— Ainsi, monsieur, vous faites des livres?
— Oui, mon ami, beaucoup de livres.
— Comme M. Alphonse Karr qui venait ici il y a quelques années.
— A peu près. — Mais que diable vous importe que je fasse ou non des livres?
— C'est que, puisque vous en faites, vous devez vous y connaître?
— Ce n'est pas toujours une raison.
— Oh! si, monsieur.
— Enfin, soit, — admettons que je m'y connaisse, — où voulez-vous en venir?
— A vous prier de lire un manuscrit et de me dire ce que vous en pensez.
— Un manuscrit! m'écriai-je.
— Oui, monsieur.
— Et de qui?
— De moi.

Je regardai le pêcheur avec surprise.

— Oui, monsieur, — répéta-t-il, de moi, Coquerel.
— Comment, — repris-je, la pêche et les sabots vous laissent donc le temps d'écrire?

— Ah! monsieur! les soirées d'hiver sont si longues! — A quoi voulez-vous qu'on les emploie quand on a un peu d'*idée*?

— Ainsi, vous avez inventé un roman?

— Je n'ai rien inventé du tout.

— Cependant, ce manuscrit?...

— C'est une histoire vraie et que tout le monde pourra vous raconter dans le pays. — C'est l'histoire du *Trou à Romain*.

J'avais entendu vaguement parler de cette curieuse légende par un vieux Normand, ex-sous-lieutenant de gendarmerie, aujourd'hui marchand de tabac à saint-Romain, le père Gratien.

Il me semblait aussi me souvenir que Blanquet m'en avait dit quelques mots.

— Je lirai votre manuscrit, — répondis-je.

— Et quand vous l'aurez lu, vous me direz ce que vous en pensez?

— Oui.

— Et si vous trouvez que ce n'est pas trop mal...

Et bien?

— Est-ce que vous ne pourrez pas le faire imprimer?

— Difficilement.

— Pourquoi donc? — M. Alphonse Karr a

bien fait imprimer l'histoire de Rose Duchemin...

— Oui, et Rose Duchemin est convaincue, à l'heure qu'il est, que c'est elle qui a fait la réputation de M. Alphonse Karr. — Elle le dit à qui veut l'entendre, et elle me l'a dit à moi-même...

— Oh! monsieur, je ne dirai pas cela pour vous, moi... et si vous vouliez mettre mon manuscrit dans un de vos livres, en disant seulement qu'il est de moi...

— Enfin, apportez-le toujours, nous verrons.

Coquerel ne se fit pas répéter cela deux fois.

Il tira de sa manche un volumineux rouleau de papier in-folio, à couverture bleue, noué avec une petite ficelle.

Je pris ce rouleau, je l'avoue, avec un sentiment de profonde terreur.

On ne sait pas assez tout ce qu'il y a d'effrayant pour un romancier dans un manuscrit inédit.

Quand, par aventure, le manuscrit est d'un bas-bleu, mieux vaudrait voir braquer contre sa poitrine le canon d'une carabine ou d'un pistolet. La mort serait plus prompte et plus douce!

Bref, je dénouai la ficelle, et je m'aperçus, non sans plaisir, que l'écriture ne courait que sur le *recto* des pages ; — le *verso* était blanc.

Qui diable avait pu apprendre à ce pêcheur que la *copie* qu'on destine à l'impression ne doit être écrite que d'un seul côté ?

Je n'eus pas la curiosité de le lui demander, — et, franchement, je le regrette.

Cependant, ce manuscrit, tel que, était encore d'une dimension fort imposante...

Enfin, j'avais promis, — il fallait tenir.

J'emportai l'histoire du *Trou à Romain*, et je la lus d'un bout à l'autre, le soir même.

Durant cette lecture, ma curiosité et ma surprise furent tenues constamment en haleine.

D'une part, la légende que j'avais sous les yeux me semblait intéressante et émouvante.

D'autre part, je trouvais dans ces pages une façon de raconter vive et facile, un style parfois incorrect, mais toujours coulant, que je n'aurais pu m'attendre à rencontrer sous la plume d'un pêcheur d'Etretat.

Le lendemain, je revis Coquerel.

— Eh bien, monsieur ? — me demanda-t-il.

— Eh bien, — lui répondis-je, — j'ai lu, et je suis fort content.

— Vous trouvez donc que ce n'est pas mal?
— Oui.
— Et vous imprimez mon histoire?
— Oui.
— Et vous direz que c'est moi, Coquerel, qui l'ai faite?...
— Sans doute.
— Et quand cela, monsieur?
— Le plus tôt possible.
— Cette année?
— Probablement.

Cette promesse parut transporter de joie le pêcheur, qui, le lendemain, m'apporta, comme témoignage de sa gratitude, un énorme plat de ces gigantesques crevettes qu'on ne trouve à Paris que chez Chevet, et qui se vendent presque au poids de l'or aux gourmets millionnaires.

Il me fut impossible, du reste, de publier le *Trou à Romain* aussitôt que je l'aurais désiré. — Je me hâte de profiter aujourd'hui de l'occasion qui se présente.

J'imprime donc, sans rien changer, le manuscrit du pêcheur d'Etretat, et je supplie mes lecteurs de ne point regarder cette déclaration comme une de ces *subtilités* qui ne sont le plus souvent qu'un piége tendu à la complaisante crédulité du public.

Coquerel existe.

Coquerel est jeune et bien portant.

A l'heure qu'il est, il pêche dans les roches, à la basse mer, force tourteaux, homards et salicoques; il ramasse au pied de la falaise de Bruneval les jeunes mouettes, trop faibles encore pour voler, et que les vents d'orage chassent de leur nid ; — enfin, il fabrique toujours des sabots dans des moments perdus.

L'histoire que vous allez lire est de lui, — rien que de lui.

J'en décline la paternité, en même temps, la responsabilité.

Je ne sais quelle sera l'opinion de mes lecteurs ; mais j'affirme que cette œuvre d'un pêcheur me semble extrêmement remarquable.

A lui donc tout l'honneur. — Je le proclame bien haut, — et j'espère qu'en présence de ce témoignage, Coquerel ne dira point de moi ce que Rose Duchemin disait de M. Alphonse Karr.

Je ne voudrais cependant point l'en défier. — Les auteurs sont une si vilaine engeance !...

Avant de commencer, deux mots encore.

Dans le récit qu'on va lire se trouveront parfois des phrases d'une construction vicieuse, mais d'une originalité piquante.

Je les respecterai religieusement.

Quant aux expressions locales, aux termes du métier, je les *soulignerai*, et lorsque ces expressions me sembleront un peu obscures, j'en donnerai, soit entre parenthèses, soit sous forme de note, une brève explication.

II

LE PORTEFEUILLE DU MENDIANT

Par un beau jour du mois de juin de l'année 1811, Romain, le pêcheur d'Etretat, revenait lentement du rocher de Vaudieu.

Suivons-le, tandis qu'il chemine vers le village.

Il avait descendu à peu près la moitié de la côte d'Amont, lorsque son pied glissa sur un objet dont il ne put se rendre compte dans le premier moment.

Il revint sur ses pas, il fouilla dans l'herbe, et il trouva sous sa main un vieux portefeuille, ou du moins quelque chose qui lui sembla tel.

Comme il était embarrassé de sa *manne* et de

sa *gaffe*, il mit le portefeuille dans sa poche, se promettant bien de l'ouvrir plus tard afin d'en examiner le contenu.

Rentré à la maison, il visita en effet le *porte-brouillons*.

Il était rempli de papiers, presque tous gras, fripés, salis et en assez mauvais état.

La première chose qui attira son attention, était une lettre toute ouverte et ainsi conçue :

« Monsieur Derviche,

« J'ai fait en votre nom et avec les fonds qui vous appartiennent et dont je suis dépositaire, l'acquisition de la petite maison qui a été vendue samedi dernier, 15 courant.

« J'espère, monsieur, que vous serez satisfait de cet achat. — Cette maison se trouve entre vos deux petites propriétés, — vous n'aurez donc plus à craindre un voisinage incommode.

« Le prix de cet achat se monte à *mille huit cent quarante-six* francs, — y compris les frais du contrat.

« Ainsi, monsieur, sur les deux mille francs que vous m'avez remis, il me reste *cent cinquante-quatre* francs, que je ferai travailler au mieux de vos intérêts, comme par le passé.

« Je vous salue, monsieur, avec la plus parfaite considération.

« J. B.

notaire à Saint-Romain. »

— Voilà, — se dit Romain, — une correspondance qui témoigne d'un marché parfaitement en règle.

Il retourna la lettre afin d'en regarder l'adresse.

Cette adresse était ainsi conçue :

FAUVILLE. - CANTON DE CRIQUETOT.

Poste restante.

POUR ÊTRE REMISE AU MENDIANT DERVICHE.

— Diable !... pensa le pêcheur, — il y a donc, dans ce pays-ci, des gueux qui sont propriétaires !...

Il ouvrit une seconde lettre, dont nous reproduisons également le contenu :

« Monsieur Derviche,

« L'entrepreneur des travaux du génie, forcé de partir aujourd'hui même, m'a parlé des affaires que vous faisiez ensemble.

« N'ayant pas le temps de vous écrire lui-même, il me prie de vous adresser ses adieux, tout en vous faisant mes offres de service.

« En conséquence, je vous propose, monsieur, de changer votre monnaie de billon contre des écus, aux mêmes conditions que le faisait notre ami.

« Si vous agréez cette proposition, monsieur, vous aurez la bonté de m'écrire à... »

La fin de la lettre avait été mouillée et usée dans le portefeuille...

L'adresse était la même que celle de la précédente.

Une troisième missive surprit Romain bien plus que ne l'avaient pu faire les deux premières.

Celle-ci, d'une très-jolie écriture de femme, parlait au mendiant comme à un bienfaiteur.

— On lui devait la vie, — disait-on, — on le remerciait comme un père et de la manière la plus touchante.

— Ainsi donc, — s'écria le pêcheur, — on trouve le bonheur et la fortune au fond d'une besace!... — un mendiant couvert de haillons inspire de la reconnaissance! — Le sort de cet homme me fait envie! — il est bien heureux d'être gueux!... — il ne craint pas la cherté du pain, — il ne redoute pas l'heure du terme !... — il est comme l'oiseau sur la branche, — il ne s'inquiète guère du lendemain, — la campagne est son domaine et tous les lieux sont sa patrie !...

Les autres pièces contenues dans le portefeuille étaient des correspondances avec le notaire et des lettres d'affaires.

Romain remit tout cela en ordre en se promettant bien de chercher à découvrir à qui appartenait ce trésor de papiers.

Il n'est pas extrêmement commun de voir des mendiants acheter des maisons avec le produit de leurs économies.

Expliquons donc ce qui peut sembler le plus extraordinaire dans le fait qui nous occupe.

L'heure fatale de la Terreur avait sonné à l'horloge funèbre de 1793.

Beaucoup s'étaient vus forcés de quitter le sol qui les avait fait naître, pour aller chercher sous le ciel de l'exil un pays plus hospitalier.

L'Angleterre fut le lieu choisi par une grande quantité de proscrits.

Les prêtres surtout, — les plus nombreux de tous les émigrés, — passèrent pour la plupart en Angleterre.

C'est alors que les révolutionnaires enragés dévastèrent les abbayes, démolirent les couvents et pillèrent les Eglises.

Il semblait que la France entière, en proie à un vertige furieux, était révoltée contre son Dieu et contre son roi.

Elle coupait la tête à l'un, — elle renversait les autels de l'autre.

En ces temps douloureux, le paisible habitant du village ne vivait plus, — il languissait.

Le moribond n'avait plus à son chevet le ministre de Dieu pour lui ouvrir les portes du ciel.

Il n'était plus permis de prier au lieu saint, et la croix brisée du hameau gisait sous les ronces et les orties.

Enfin la tourmente révolutionnaire s'apaisa, usée par sa violence même.

Les tristes proscrits eurent enfin le bonheur de revoir leur patrie.

Beaucoup, parmi eux, rentrèrent en France sans aucune fortune, — surtout les ecclésiastiques.

L'avenir, pour les prêtres, ne présentait plus les mêmes bénéfices que le passé.

Il n'y avait plus de dîme, — il fallait donc vivre avec les petits appointements et le casuel.

Mais pour un prêtre jaloux du bon ordre et même du luxe de son église, cela ne menait pas loin, et, pour suppléer à l'insuffisance des ressources, on se vit obligé de prêcher la charité sur tous les tons.

On comprend combien le clergé avait d'intérêt à faire naître et à maintenir cet esprit de charité, pour reconstruire les églises que la tempête de 1793 avait renversées.

Les mendiants comprirent qu'en demandant *pour l'amour de Dieu*, ils pouvaient tirer un grand parti de cette charité prêchée partout.

Quelques-uns trouvèrent moyen de se presque enrichir à demander l'aumône.

De ce nombre était le mendiant Derviche.

Revenons, s'il vous plaît, à Romain.

Tout en faisant des démarches pour tâcher de découvrir le propriétaire du portefeuille, Romain ne négligeait pas les rudes travaux que réclame le métier de pêcheur.

Il n'allait point à la mer avec des barques et des filets.

Il était ce que l'on appelle *pêcheur au rocher*, et il ne quittait jamais le pied de ces gigantesques falaises qui semblent faire une barrière infranchissable à l'Océan.

Là, il cherchait dans les *houles* les tourteaux et les homards, ou bien, armé de ses légers *lanets*, il poursuivait les salicoques agiles et transparentes, ces sauterelles de la mer.

— Le varech qui croît sur les roches qui bordent les côtes de la Normandie est propre à faire une soude excellente ; mais, pour obtenir cette soude, il faut des préparations qui exigent de grandes fatigues et de rudes travaux.

Après ses marées de pêche, Romain se livrait à l'occupation de recueillir le varech.

Il appelait cela se délasser.

La marée montante venait-elle le chasser du rocher, alors il faisait sécher son varech en l'étendant sur les galets exposés au soleil et aux vents.

Sentait-il l'impérieux besoin de prendre quelques heures de repos, il allait chercher le sommeil dans une sorte de petite cabane qu'il avait lui-même construite grossièrement, avec des galets et quelques planches, dans un trou de la falaise.

C'est là qu'il couchait.

C'est là qu'il faisait même sa cuisine, — cuisine frugale s'il en fut, consistant en un peu de soupe aux légumes, et, parfois, en quelques coquillages provenant de sa pêche.

Romain passait ainsi des semaines entières, à moins qu'un gros vent ou de fortes pluies ne le forçassent de retourner au village.

Mais c'était toujours avec peine qu'il se voyait forcé de quitter les grèves.

Cette vie de *pêcheur au rocher*, cette constante solitude, rendaient Romain quelque peu sauvage.

Cette sauvagerie, jointe à un commencement de surdité, empêchait Romain de se mêler habituellement aux réunions et aux jeux des autres pêcheurs.

Il n'en était pas pour cela un plus mauvais camarade.

Chacun connaissait sa disposition à obliger tout le monde, — autant que cela dépendait de lui.

De retour à la maison, il s'occupait à cultiver un petit jardin, qui, grâce à ses soins, lui fournissait quelques fruits et des légumes abondants.

Cependant toutes ses démarches pour découvrir le mendiant Derviche restaient absolument sans résultat.

Ceci le tourmentait beaucoup.

Un jour, une idée lui vint.

Il prit une feuille de papier et il écrivit les lignes suivantes :

« Monsieur,

« Vous avez perdu, il y a un mois à peu près, un portefeuille, en descendant la falaise d'Amont à Etretat.

« Ce portefeuille est entre mes mains.

« Si vous tenez à le ravoir, vous n'avez qu'à venir me le réclamer. — Je m'empresserai de vous le rendre.

« ROMAIN,

« *Pêcheur à Etretat.* »

Puis, sur l'adresse, il traça ces mots :

Fauville. — Poste restante.

Pour être remis au mendiant Derviche.

Et il jeta le tout à la poste.

III

LE MENDIANT

Plusieurs jours se passèrent sans apporter de nouvelles du mendiant Derviche.

Enfin un matin, presque au moment où Romain venait de partir pour aller à la pêche comme d'habitude, un pauvre, couvert de haillons, vint frapper à la porte de la chaumière où demeurait le père du pêcheur.

Le vieillard crut d'abord que ce pauvre lui demandait l'aumône, et il allait lui couper un morceau de pain; quand le mendiant lui fit signe que ce n'était pas cela qu'il souhaitait.

— Mais alors que voulez-vous donc ? — dit le vieillard.

— Vous êtes le père de Romain le pêcheur ?

— Oui.

— Je voudrais parler à votre fils.

— Il n'y est pas.

— Où est-il ?

— Il est au rocher, qui fait la pêche. — Si c'est quelque chose qu'on puisse lui redire, dites-le moi.

— C'est que j'ai perdu un objet qui est entre les mains de votre fils. — Il a eu la bonté de me le faire savoir par une lettre, et c'est pour cela que je suis venu pour le voir... — Dites-moi, je vous en prie, si vous croyez qu'il va bientôt rentrer, ou si je dois aller le chercher au rocher ?..,

— Oh ! répondit le père, il ne reviendra pas de sitôt, à moins qu'il n'arrive du mauvais temps.

— Alors, je vais aller le rejoindre, car il me tarde de le voir...

— C'est ce que vous avez de mieux à faire.

— Où le trouverai-je ?

— Au rocher.

— Mais où est ce rocher ?...

— Montez la côte d'Amont, — c'est celle que

vous voyez à votre droite, — suivez le bord de la falaise, jusqu'à la première descente que nous appelons la vallure de Bénouville, — vous trouverez là une petite hutte bâtie en terre et en galets et couverte en tourbe, — c'est le poste des douaniers, — vous demanderez au douanier de quart où est Romain, et il vous le dira...

Le mendiant remercia le père du pêcheur et prit le chemin qui conduit au rivage.

Une fois arrivé sur le *perrey*, il tourna à droite et gravit la côte d'Amont.

Bientôt il se trouva au sommet de la montée, et alors il suivit le sentier battu par les chèvres, par les douaniers et par les pêcheurs, qui le conduisit rapidement à la vallure.

Il vit la hutte devant laquelle un douanier faisait sa faction ; il s'approcha de lui, et, après l'avoir salué, il lui demanda où il trouverait Romain.

Le douanier le conduisit sur le bord de la falaise, dans un endroit où la vue s'étendait au loin sur les grèves.

— Voyez-vous, — lui dit-il alors, — cette petite pointe qui s'avance dans la mer ?...

— Je la vois.

— C'est ce que l'on appelle le *passeux des*

fontaines... c'est là que vous allez trouver Romain, occupé sans doute à faire sécher son varech.

Le pauvre remercia le douanier ; — il descendit la falaise par la vallure de Bénouville, — et suivit le sentier tortueux qui conduit au pied de cette falaise au *passeux des fontaines*.

Arrivé là, il ne vit point le pêcheur, ni personne qui pût lui indiquer où il le rencontrerait.

Il se retourna alors pour regarder derrière lui et il aperçut un assez grand feu allumé dans une *cave* de la falaise.

Il monta jusqu'à cette cave, non sans un peu de peine, et il vit alors, assis près du feu sur un morceau de roche, un homme d'assez grande taille et d'environ trente ou trente-cinq ans.

Cet homme se retourna en entendant s'approcher les pas du mendiant.

— Monsieur, — lui demanda ce dernier, — pourriez-vous me dire où je trouverai Romain le pêcheur ?

— Ici,—répliqua l'homme assis auprès du feu.

— C'est donc vous qui êtes Romain, car il me semble que vous êtes seul ?

— C'est moi.

— Alors, — reprit le mendiant en tirant de sa poitrine une lettre et en la présentant au pêcheur, — c'est vous qui avez écrit ceci ?

Romain jeta un coup d'œil sur l'adresse.

Il lut ces mots, tracés quelques jours auparavant :

« *Pour remettre au mendiant Derviche.* »

— Oui, — dit-il ensuite, — c'est moi : — j'ai trouvé un portefeuille, j'ai pris connaissance des pièces qu'il renfermait, — et j'ai adressé une lettre, là où on avait l'habitude d'écrire au propriétaire de ce portefeuille. — Maintenant, monsieur, dites-moi, je vous prie, si vous êtes le mendiant Derviche et si par conséquent les papiers qui sont entre mes mains vous appartiennent ?...

— Je suis Derviche en effet.

— Alors, soyez le bienvenu à mon foyer... mais, d'abord, avez-vous l'intention de passer cinq heures ici ?...

— Cinq heures ? pourquoi ?

— Parce que la marée montante va bientôt recouvrir le *passeux des fontaines* et nous tenir enfermés...

— Quelle heure est-il maintenant?... — demanda le mendiant...

— Onze heures, — répondit Romain.

— Dans cinq heures il sera quatre heures... — oui, je puis rester avec vous, — j'ai du pain dans ma besace...

— Moi, — dit Romain, — je fournirai le reste du repas... — vous voyez que ma soupe est sur le feu, — j'ai là quelques tourteaux et deux petits homards qui feront les frais du dîner.

Le mendiant se débarrassa de sa besace, et s'installa sur une botte de paille qui formait le lit du pêcheur.

Puis il questionna Romain qui lui raconta, en peu de mots, comment il avait trouvé le portefeuille.

Ensuite il se leva, et, fouillant dans une fissure du rocher, il en retira ce portefeuille qu'il présenta à Derviche en lui disant :

— Tenez, voilà de quoi vous rendre un peu moins pauvre.

— Avez-vous parlé à quelqu'un des papiers que vous avez lus? — demanda le mendiant après avoir remercié Romain.

— A personne.

— Bien vrai?

— Oui. — J'ai pensé qu'il y avait là un secret qui ne m'appartenait pas, et qu'il était de mon devoir de le respecter...

Le mendiant serra la main du pêcheur.

— Vous avez agi en honnête homme ! — lui dit-il.

Les mendiants voient tant de monde, qu'ils finissent par devenir des physionomistes de première force.

Ils savent distinguer à merveille, et à première vue, les bons et les mauvais caractères.

L'homme à la besace jugea bien vite le pêcheur.

Le visage de Romain exprimait la franchise... — Derviche le mit au nombre des bons sans hésiter, et se sentit en confiance avec lui.

— Mon ami, — lui dit-il, — il faut que je vous raconte les secrets de ma vie... — peut-être ne vous offriront-ils pas grand attrait, — cependant, vous devez désirer connaître, — ne fût-ce que par curiosité, — l'histoire d'un mendiant qui est propriétaire...

— Le fait est assez rare pour intéresser vivement, — répondit Romain, — et je vous assure que je vous écoute de toutes mes oreilles.

— Je faisais partie de la première réquisition avec mes trois frères, — dit le mendiant. — Un jour, on vint nous annoncer qu'il fallait partir et rejoindre dans les quarante-huit heures...

Ainsi donc, nous étions contraints d'abandonner une mère infirme et qui n'avait pas d'autre soutien que nous !...

Que faire ?

L'honneur nous appelait sous les drapeaux, mais l'amour filial nous faisait une loi de ne pas laisser notre mère en proie à la plus profonde détresse !

Il fut donc résolu entre mes frères et moi que l'un de nous devait rester.

Nous aimions tous les quatre notre mère d'une tendresse égale. — Nous tirâmes au sort, et ce fut moi que le sort désigna.

Je dus sacrifier mon honneur pour celle qui aurait donné sans regrets sa vie pour ses enfants.

Seulement, afin que mon sacrifice ne fût point inutile, il fallait éviter d'être reconnu et découvert, — car alors je n'aurais évité l'uniforme que pour aller pourrir en prison.

A force de chercher des expédients, j'en trouvai un qui parut bon, et qui l'était en effet,

J'achetai le chapeau à larges bords, la besace et le bâton d'un vieil aveugle qui ne voulait plus exercer...

C'est-à-dire qu'il me vendit son fonds en me confiant tous les secrets du métier.

Il se retira ensuite dans une petite maison qu'il avait fait bâtir : — le vieux aveugle avait fait son affaire en trois ans.

Pour me soustraire à la vigilance des gendarmes, je devins aveugle, ou plutôt je fis en sorte de paraître tel. — Je me coiffai du chapeau à larges bords ; — je me noircis le visage ; — je me fis conduire par une pauvre petite orpheline que j'avais trouvée sur la grande route, abandonnée et mourant de faim ; — j'évitai de paraître de jour dans les endroits où j'étais connu, — et, armé d'un gros bâton, je me mis à battre la campagne.

Personne ne refusa de faire la charité au pauvre aveugle.

Il m'en a coûté beaucoup pour m'accoutumer au métier que j'exerce ; — mon amour-propre a beaucoup souffert, mais j'ai tout sacrifié pour secourir ma mère.

Maintenant, me voici enrôlé dans la grande confrérie des gueux qui couvrent le pays de Caux.

L'état n'est pas des plus nobles, mais il est des plus productifs.

Pendant les deux premières années, je ramassai des sommes assez rondes que j'employai à soutenir ma pauvre mère.

Au bout de ce temps, la digne femme reçut une lettre qui lui annonçait la mort de deux de mes frères.

Elle ne put résister au coup terrible que lui porta cette fatale nouvelle.

Elle mourut quelques jours après, en pleurant ses enfants.

Il me restait un peu d'argent du produit de mes aumônes.

J'employai cet argent à l'acquisition des petites propriétés que je possède, et j'y ai joint peu à peu ce que j'ai ramassé depuis, car vous voyez que je continue le métier...

Voilà tout ce que j'avais à vous dire...

Derviche se tut.

Jamais personne n'avait parlé au pêcheur avec une aussi grande confiance que celle que lui témoignait le mendiant.

Il en ressentit une grande joie.

— Merci de cette confiance, — dit-il, — je la mérite et je saurai la conserver.

IV

LES DEUX AMIS

— Maintenant, — reprit Romain en versant le contenu bouillant de la marmite sur le pain qu'il venait de couper dans un grand vase de faïence grossière ; — maintenant, songeons à dîner. — C'est sans doute la première fois que vous aurez *mangé la soupe* au pied de la grande muraille qui borne l'Océan.

Le mendiant Derviche ne se fit pas prier.

Il mangea de fort bon appétit la soupe aux légumes que Romain venait de servir.

Tous deux, ensuite, firent honneur aux tourteaux et aux petits homards pêchés le matin même.

Romain apporta une cruche et deux tasses.

— Qu'est-ce que cela ? demanda le mendiant.

— Ma foi, — répliqua le pêcheur, — ce n'est que de l'eau fraîche ; — il faudra bien vous en contenter, — je n'ai pas autre chose à vous offrir... — Seulement, je vous l'offre de bon cœur.

— Croyez-vous donc, — répliqua Derviche, — que j'aie toujours à ma disposition du cidre ou du vin ?

Et il prit une tasse remplie d'eau claire, et la vida d'un seul trait, avec toute l'apparence d'un plaisir infini.

Quand le dîner fut achevé, la marée montante avait couvert le rocher et ne laissait plus au mendiant ni au pêcheur la possibilité de regagner la vallure et de remonter la côte.

Un soleil radieux jetait au loin sur les flots une longue traînée d'or et de feu ; — la mer calme et transparente semblait inviter au plaisir du bain.

Derviche en fit la remarque.

— Etes-vous nageur ? lui demanda Romain.

— Oui.

— Bon nageur ?

— Assez bon, — comme le sont d'ailleurs

presque tous les habitants des bords de la Seine.

— Alors, vous devez aimer le bain ?

— Passionnément ; — mais il y a bien longtemps que ma profession, et surtout le mystère dont je dois m'entourer, ne m'ont pas permis de satisfaire mon goût.

— Il me semble qu'aujourd'hui l'occasion est excellente.

— Sans doute, et j'en veux profiter. — Mettons-nous à la mer sur-le-champ.

Et déjà Derviche se levait et se disposait à s'approcher du rivage.

Mais le pêcheur le retint.

— Pourquoi m'arrêtez-vous ? — demanda le mendiant.

— Parce que votre repas s'achève à peine et qu'il serait très-imprudent de vous jeter à la mer en sortant de table.

— Vous avez raison, — répliqua Derviche.

Et tous deux s'assirent au soleil, sur les galets.

— Vous m'avez parlé avec tant de confiance et de franchise, — dit alors Romain, — que je pense que vous m'autoriserez bien à vous adresser quelques questions...

— Faites, — j'y répondrai de mon mieux.

— Quelle est donc cette jeune personne qui vous a écrit une lettre pleine des remercîments les plus touchants ?

— C'est cette petite fille, cette pauvre orpheline qui fut mon guide, du temps que je paraissais aveugle...

— Vous ne le paraissez plus, donc ?

— Non.

— Comment ?

— A la mort de ma mère, je quittai le métier d'aveugle pour être plus libre, — je me contentai d'être borgne, ce qui me fut facile, au moyen d'un bandeau appliqué sur l'œil droit... — et puis ma réputation était établie ; — un œil de plus, un œil de moins, on n'y regardait pas de si près avec moi.

Je pus alors me passer de ma jeune conductrice, et je la conduisis dans une maison d'éducation où elle est encore.

Il me paraissait assez juste de faire tourner à son profit une part de l'argent que nous avions gagné ensemble.

La pauvre enfant n'a pas d'autre soutien que moi et se trouverait bien à plaindre si je lui manquais ; — mais j'ai pris mes précautions, et, quand bien même je viendrais à mourir, une petite propriété que j'ai eu le soin de lui assurer, la mettrait à l'abri de la misère.

— Voilà, — pensa Romain, — voilà, sous les haillons d'un mendiant, un homme dont la conduite est estimable. — Pour soutenir sa mère, il a sacrifié son honneur.., — il s'est avili jusqu'à faire croire à des infirmités qu'il n'avait pas, — et, maintenant, s'il continue à implorer la compassion et l'aumône, c'est moins pour lui que pour subvenir à l'éducation et aux besoins d'une pauvre orpheline.

— Maintenant, — poursuivit l'interlocuteur de Romain, — vous en savez autant que moi sur mon compte... et, si vous le permettez, le pauvre Derviche viendra vous voir de temps en temps et vous tiendra au courant de sa vie aventureuse...

— Mon cher ami, — dit Romain, — ce sera toujours avec plaisir que je vous recevrai, car d'aujourd'hui je sens qu'une douce intimité doit être un des liens qui attachent l'homme à la vie...

Ce fut ensuite au tour du pêcheur de raconter quelques détails relatifs à son métier, et il prolongea ce récit jusqu'au moment où il jugea qu'on pouvait se baigner sans danger.

— Je crois, — dit-il alors, — que maintenant

la digestion doit être faite et que nous pouvons nous mettre à l'eau.

Derviche et Romain se déshabillèrent et s'élancèrent tous deux à la mer.

Romain avait à Etretat la réputation d'un fameux nageur, et la méritait.

Le mendiant, son nouvel ami, ne lui cédait en rien.

Tous les deux piquaient des têtes, — faisaient la coupe et la brassée, — nageaient sur le côté et sur le dos, — pirouettaient comme des marsouins et plongeaient comme des loutres.

Ils passèrent ainsi une demi-heure avec un plaisir extraordinaire.

Au bout de ce temps, ils sortirent de l'eau, reprirent leurs habits et remontèrent auprès du foyer.

En ce moment, Romain, pour la première fois depuis le bain, jeta les yeux sur son compagnon et poussa un cri de surprise.

— Qu'avez-vous donc? — demanda le mendiant.

— J'ai que je ne vous reconnais plus!...

Derviche se mit à rire.

— Vraiment? — fit-il ensuite.

— Si je n'étais sûr que vous ne m'avez pas

quitté d'un instant, je croirais que ce n'est plus vous...

— Quelle différence si grande trouvez-vous donc en moi ?

— Vous semblez de dix ans plus jeune, votre visage a perdu sa couleur cuivrée et maladive. — Tout à l'heure vous aviez l'air d'un vieillard souffreteux, — maintenant vous semblez un homme fort et bien portant.

Derviche, riant toujours, tira de sa poche un petit miroir.

— En effet, — dit-il, — je suis horriblement changé, et voilà un bain qui m'a fait beaucoup de tort.

Tout en parlant ainsi, il prit dans la même poche une boîte de corne, assez semblable à une tabatière commune.

Il ouvrit cette boîte.

Elle contenait une poudre jaune.

Il jeta sur des charbons ardents une ou deux pincées de cette poudre, et se plaça de manière à recevoir en plein visage la fumée qui s'en exhalait.

En quelques secondes, sa figure avait repris cette teinte bronzée qui lui donnait une apparence âgée et maladive.

Cette opération achevée, Derviche se releva et dit, en se tournant vers Romain :

— Maintenant, je suis un peu mieux, n'est-ce pas ?

— Au contraire, mon ami, vous faites pitié.

— Eh ! c'est ce qu'il faut !... dans notre état surtout !... — s'écria le mendiant. — Je retourne le proverbe et je dis : *Mieux vaut faire pitié qu'envie !...*

C'est justement pour cela que je me teins ainsi le visage.

Maintenant ma toilette est terminée, et je suis prêt à partir quand la mer me le permettra.

En songeant au départ du mendiant, cet ami d'une heure, Romain se sentit le cœur triste.

La confiante franchise de Derviche avait bien vite captivé son amitié.

— Promettez-moi, — dit-il au mendiant au moment du départ, — promettez-moi que vous viendrez me voir une fois tous les mois, au moins.

— Oui, je vous le promets, et il faudrait quelque chose de bien grave pour m'empêcher de vous tenir parole...

Cinq heures semblent un espace de temps court quand on se trouve avec un ami.

Il semble que, jaloux de ces douces émotions que procure l'amitié, le temps passe plus vite et nous laisse oublier l'heure du départ.

C'est ce qui faillit arriver aux nouveaux amis.

Il y avait déjà longtemps que la mer avait quitté le bas du passeux au moment où Romain et Derviche arrivèrent à cet endroit.

Le mendiant fit observer au pêcheur qu'il était inutile d'aller plus loin et de se fatiguer à monter la vallure.

Ils s'embrassèrent et s'éloignèrent l'un de l'autre en se promettant de nouveau de se revoir souvent.

Romain, de retour à sa cabane, prit son pic et sa pince et s'en alla travailler à percer dans le rocher ces trous que les pêcheurs appellent des *houlles*.

Ces *houlles*, dans lesquelles les homards et les tourteaux cherchent un refuge contre les attaques des *châtrouilles* et de leurs autres ennemis, se trouvent en très-grand nombre dans le rocher de Vaudieu.

C'est à Romain, et au père Pierre Aubry, encore vivant aujourd'hui, que l'on doit ces travaux qui exigeaient beaucoup de temps, une grande patience et de rudes fatigues.

Cette vie laborieuse convenait au pêcheur, — et jamais on ne l'avait entendu s'en plaindre.

Le mendiant fit successivement plusieurs visites au pêcheur, et chacune de ces visites resserrait le nœud de leur amitié.

Un jour, après avoir passé vingt-quatre heures au rocher, Derviche se préparait à regagner la vallure.

— Mon cher Romain, — dit-il au pêcheur, — *les haillons que je porte me sont devenus odieux...*

— Pourquoi donc cela ?...

— J'ai honte de moi-même !... de pareils vêtements ne devraient recouvrir qu'un vieillard infirme !... je veux les quitter et redevenir un homme utile à mon pays...

— Et comment ?

— Je me ferai berger ou pêcheur...

— N'en faites rien !... — s'écria Romain, — vous me priveriez d'un ami. — Vous ne seriez pas un seul instant tranquille... — on viendrait très-vite, à découvrir que vous avez été réfractaire... — On se dispose, dit-on, à faire des levées dans les cohortes. — J'ai même beaucoup d'inquiétudes pour moi, car je me trouve dans la réserve.

Derviche ne répondit pas.

V

RÉFRACTAIRE

Le mendiant avait été sur le point de trahir son dessein secret, mais il était revenu sur des paroles imprudentes en disant : — Je me ferai berger ou pêcheur.

Il ne pouvait douter du chagrin qu'il causerait à Romain s'il lui communiquait son projet de départ.

Ce chagrin, il l'éprouvait lui-même en songeant qu'il allait quitter un ami, — mais un autre devoir l'appelait.

Son frère lui avait écrit une lettre pour l'engager à venir sous les drapeaux réclamer sa part de gloire et venger la mort de ses deux autres frères.

Il ajoutait que l'empereur accordait la grâce de tous ceux qui rejoignaient volontairement.

Le mendiant, que l'amour filial ne retenait plus, se dit que l'occasion était bonne et peut-être unique.

Il mit ordre à ses affaires et prit de nouvelles dispositions afin que, s'il venait à mourir, tout ce qu'il possédait fût remis à la jeune orpheline qu'il protégeait.

Il annonça son départ à cette dernière, en lui disant qu'il allait faire un long voyage, — aller à la *bonne gangne*, comme disent les aveugles.

— Ce voyage n'étonna nullement la jeune fille, — elle en avait fait plusieurs semblables avec Derviche, alors qu'il passait pour être aveugle.

Elle lui dit donc adieu sans trop de peine, — et l'ex-mendiant partit.

Romain était bien loin de se douter que son ami avait endossé l'uniforme.

Il continuait toujours son métier de pêcheur, — tout en montant sa garde quand c'était son temps.

Au moment où les Prussiens se disposaient à passer le Rhin, et où les puissances alliées se préparaient à vaincre celui qui si souvent les avait fait trembler, l'empereur fit un nouvel appel à la nation, afin d'essayer avec toutes ses forces une résistance désespérée et qui devait être inutile.

La levée fut générale.

Romain reçut l'ordre de partir.

Cet ordre le mit au désespoir.

Ce n'est pas qu'il eût peur, — mais il se trouvait dans la même situation où s'était trouvé son ami le mendiant quelques années auparavant. — Il avait des parents vieux et infirmes qui ne vivaient que de son travail, et, pour rien au monde, il ne les aurait abandonnés.

Que faire donc pour se soustraire à la dure nécessité d'obéir?

Romain y réfléchit longtemps, et fut longtemps sans trouver aucun faux-fuyant.

Il songea bien à employer le même expédient qui avait réussi à Derviche, mais il ne pouvait surmonter sa répugnance pour les haillons, la besace et les humiliations du mendiant, — et puis il lui semblait impossible de quitter le rivage. — On eût dit que sa vie était attachée à la mer montant sur les grèves et battant le pied des falaises.

Enfin le jour du départ arriva, et Romain n'avait encore rien décidé.

Ce jour-là, il se cacha, et se cacha si bien, que le bruit du tambour conduisant à la gloire et peut-être à la mort les nouvelles recrues ne put arriver jusqu'à lui.

Ses camarades quittèrent le village en disant :

— Romain ne viendra pas !...

A partir de ce jour, Romain ne reparut plus.

Les autorités locales s'inquiétèrent beaucoup de savoir ce qu'il était devenu.

On fit des perquisitions chez ses parents, — on visita tous les creux de rocher dans lesquels on supposait qu'un homme pouvait chercher un asile.

Ce fut sans résultat.

On prit alors de nombreuses et minutieuses informations sur le compte du mendiant que l'on avait rencontré souvent avec le pêcheur.

Tout fut inutile.

Le mendiant avait disparu comme Romain.

On s'étonna beaucoup d'abord de cet événement au moins étrange.

Les pêcheurs et les paysans se livrèrent à toutes sortes de conjectures et de suppositions.

L'un disait :

— Il est allé rejoindre, il aura voulu choisir un corps.

L'autre répondait :

— Non pas ! — nous connaissons bien Romain, — jamais il n'aurait pu se décider à quitter le rivage.

— Peut-être qu'il lui est arrivé quelque accident...

— Peut-être qu'il s'est noyé à la mer...

— Ou qu'il est tombé à la falaise...

Bref, on dut interrompre les rondes qui se faisaient chaque soir autour de la maison des parents de Romain, car aucun indice ne vint faire supposer que le pêcheur se trouvât encore à Etretat.

La nouvelle qu'il avait rejoint l'armée ne se confirma pas davantage.

Enfin, on en parla beaucoup d'abord.

Puis un peu moins.

Puis on finit par n'en plus parler du tout.

C'est ainsi que se passe toute chose au village.

Plusieurs mois s'écoulèrent.

Rien ne venait confirmer la supposition, vague mais enracinée dans beaucoup d'esprits, que Romain n'avait point quitté le pays.

Cependant, une nuit, le père Pierre Aubry, en faisant à la haute mer la pêche au rocher, crut voir comme l'ombre d'un homme apparaître entre deux vagues et disparaître aussitôt.

Mais, néanmoins, il n'avait pas la certitude que cette apparition fût réelle et que sa vue ne l'eût point trompé, — d'autant plus que la nuit en question était fort obscure.

Plusieurs fois de suite Pierre Aubry retourna au rocher par le clair de lune, mais il ne vit rien.

Enfin, par une autre nuit très-sombre, la même vision lui apparut de nouveau.

Dans le premier moment, il pensa que ce pouvait bien être le pêcheur, et, s'avançant du côté où il voyait apparaître cette ombre, il cria par deux fois :

— Romain... Romain...

Mais à peine avait-il parlé, que l'ombre s'élança dans la mer, — sembla d'abord marcher sur les vagues, puis disparut dans l'écume blanche.

Pierre Aubry n'était pas superstitieux.

Il ne put cependant s'empêcher de croire qu'il venait de voir l'âme d'un pêcheur noyé à la mer, et qui accomplissait sur la terre quelque pénitence.

Il se découvrit, — il s'agenouilla sur la roche humide, et il pria avec ferveur pour cette pauvre âme errante et souffrante.

A partir de ce jour, l'ombre lui apparut encore à des intervalles assez rapprochés, mais toujours à une trop grande distance pour qu'il lui fût possible de s'assurer à qui il avait affaire.

Le père Aubry avait réfléchi.

Il n'était plus la dupe d'une vision, — il ne voyait plus qu'il eût en face de lui l'ombre d'un pêcheur, mais bien un pêcheur en chair et en os.

Enfin un indice sûr vint lui prouver que le rôdeur nocturne ne pouvait être autre que Romain.

Chaque fois qu'il apercevait l'ombre en arrivant au rocher, il trouvait vides les houlles à tourteaux ; ce qui prouvait jusqu'à l'évidence qu'on les avait explorées avant lui.

Or, il n'y avait que lui et Romain qui connussent l'existence et l'emplacement de ces houlles.

Fort de cette conviction, Pierre Aubry en parla un jour au père de Romain.

Le vieillard était un de ses amis et le connaissait pour un homme parfaitement discret et sûr et incapable d'une délation.

Il ne fit aucune difficulté de lui avouer franchement que c'était bien son fils qu'il rencontrait la nuit, au rocher, faisant la pêche.

— Vous savez, — dit-il, — qu'il était de la dernière levée...

— Oui, certainement, et même qu'on en a assez parlé !...

— Il ne put jamais se décider à partir ; — le jour du départ, il se cacha dans le bois des Tilleuls et la nuit suivante, à l'aide d'une corde, il *s'affala* dans la falaise... — une fois à la place qui lui convenait, il se disposa une demeure qu'il habite encore aujourd'hui.

— Mais comment vit-il ?

— Tous les deux ou trois jours je vais lui porter des provisions et chercher sa pêche qu'il a soin de mettre au réservoir. — Quand la nuit est très-noire et qu'il n'y a pas de lune, il vient lui-même à la maison apporter sa pêche et chercher sa provision. — Si vous avez la complaisance, Pierre Aubry, de lui porter quelquefois des vivres, en allant au rocher, vous m'obligerez bien, car je commence à être bien roide et je trouve la tache un peu rude...

— Je ferai cela avec grand plaisir...

— Et vous n'en parlerez à personne ?...

— Vous pouvez compter su' ma discrétion, car j'aime votre fils...

— Je lui dirai que vous savez tout, et il viendra vous trouver à la première occasion qui se présentera... — il sera bien heureux de pouvoir parler à un ami...

Quelques jours se passèrent sans que Pierre Aubry rencontrât Romain au rocher.

Un soir, comme l'heure de la basse mer était un peu après minuit et que Pierre Aubry, muni déjà de sa manne et de sa gaffe, se disposait à éteindre sa lumière et à partir pour la pêche, il entendit frapper doucement à la porte.

— Qui est là ? — fit-il.

— Êtes-vous seul ? — demanda une voix qui ne lui était pas inconnue, mais qu'il ne reconnut pas d'abord.

— Oui, — répondit-il, — entrez.

— Éteignez d'abord votre lumière.

Pierre Aubry fit ce que la voix lui demandait, et il alla ouvrir la porte.

Une main serra la sienne dans l'obscurité.

— Romain !... — s'écria-t-il.

— Oui, Romain, mais parlez plus bas...

Le pêcheur était affublé d'un gros paletot et d'une cape dont il avait rabattu le capuchon sur son visage.

D'ailleurs, la lumière était éteinte.

Il était donc bien difficile, pour ne pas dire impossible, que quelque passant curieux surprît et reconnût Romain.

Enfin, pour plus de sûreté, Pierre Aubry referma la porte et poussa le verrou.

VI

LE TROU A ROMAIN

Les deux pêcheurs commencèrent par s'embrasser.

Ils causèrent ensuite de tout ce qui concernait la disparition de Romain, et ce dernier entra à ce sujet dans des détails que nous connaîtrons un peu plus tard.

Enfin Romain demanda :

— Ne veux-tu pas aller à la pêche cette nuit?

— J'allais partir quand tu es arrivé, — répondit Pierre Aubry.

— Allons, ne perdons pas de temps, car l'heure de la marée nous presse.

— Je suis prêt.

Aubry et Romain sortirent de la maison et prirent le chemin de la falaise d'Amont.

Ils firent route ensemble jusqu'en haut de la côte, en face de la vallure de Bénouville.

— Prends le devant, — dit alors Romain à Pierre Aubry, — va près du poste de la douane, et, s'il n'y a personne, tu siffleras...

Pierre Aubry prit le devant en effet, et comme tout était tranquille, il fit le signal convenu.

Romain vint aussitôt le rejoindre, et ils descendirent la vallure.

— Quand tu es seul en revenant du village, — dit Pierre Aubry, — tu dois te trouver bien embarrassé ?...

— Bah ! je passe tout de même...

— Comment fais-tu ?

— C'est bien facile, — il ne faut qu'un peu d'attention...

— Mais encore ?...

— J'arrive tout doucement près du poste, et j'écoute... — Si j'entends les douaniers causer entre eux, je puis juger qu'ils viennent de dormir et qu'ils s'éveillent ; — dans ce cas, ils ne tardent pas à faire une ronde, et j'attends qu'ils soient passés. — Si, au contraire, ils viennent de faire leur tournée et de rentrer au poste, il n'est pas plus difficile d'en juger, car, dans ce cas, ils parlent très-haut d'abord, puis la voix diminue petit à petit, et, un moment après, tout rentre dans le silence. — Ils dorment alors comme des taupes dans leur trou, et je passe, *tranquille comme Baptiste.*

Pierre Aubry se mit à rire.

Tout en causant, les deux pêcheurs descendirent la vallure et suivirent d'un pas sûr le sentier tortueux et glissant qui conduit au *passeux des fontaines.*

Lorsqu'ils eurent dépassé cet endroit, Romain s'arrêta, et dit, en désignant la falaise qui s'élevait sur la droite comme une gigantesque muraille :

— C'est là que j'habite, à une hauteur de plus de cent pieds. — C'est là que je dors tranquille, car je ne crains pas qu'un indiscret vienne m'y surprendre...

— A une hauteur de plus de cent pieds !...

— Oui.

— Est-ce possible ?...

— Tu le verras.

— Mais de quelle façon ?...

Romain interrompit le pêcheur.

— Je t'expliquerai tout, — lui dit-il, — mais plus tard. — Allons d'abord faire notre pêche de marée, car voici que le temps nous presse...

Pierre Aubry fit un signe d'acquiescement, et les deux compagnons prirent le large et commencèrent la pêche aux houlles.

Cette pêche demande une grande habileté, surtout la nuit.

Le pêcheur est armé d'un long bâton au bout duquel se trouve un fort croc de fer.

C'est ce qu'on appelle une *gaffe*.

Le pêcheur s'aide du manche de cette gaffe pour franchir les endroits les plus périlleux du rocher.

Il fouille avec le fer dans les houlles encore couvertes d'eau.

S'il reconnaît qu'il y a quelque chose dans ces houlles, il attire à lui le tourteau ou le homard par un coup sec et qui demande une adresse extrême.

Nous avons dit qu'Aubry et Romain se séparèrent, afin de ne pas se faire un tort réciproque.

Romain commença sa pêche à Fontaines.

Pierre Aubry à Vaudieu.

Comme l'heure de la basse mer approchait, il fallut se dépêcher, afin de pouvoir visiter toutes les houlles.

Quand les pêcheurs se rejoignirent, à peu

près au milieu de la passe qui sépare Vaudieu et Fontaines, la mer commençait à monter.

Le résultat de leur pêche avait été extrêmement satisfaisant.

— Est-ce que ce n'est pas toi, — demanda alors Aubry à son compagnon, — que j'ai appelé il y a juste un mois ?

— Je ne sais si tu m'as appelé, — répondit Romain, — le bruit de la mer m'a empêché d'entendre mon nom ; — je sais seulement qu'un homme venait grand train de mon côté, et, de peur que ce ne fût un autre que toi, je me jetai à la nage entre deux vagues et j'allai me cacher derrière la roche de Cauquet. — Là, j'étais bien sûr que l'on m'avait perdu de vue.

Aubry se reprocha intérieurement la superstitieuse faiblesse avec laquelle il avait cru d'abord à une apparition surnaturelle.

Mais il n'en parla pas à Romain.

Les deux hommes gagnèrent le Banc des Fontaines et montèrent la *brinque* de galet qui se trouve en face de la Cavée à Aubry.

Là ils s'assirent, et Romain, pour satisfaire à la curiosité de son compagnon, raconta comment il s'était installé dans la falaise.

— J'avais entendu parler à des fraudeurs,

— dit-il, — d'une excavation qui se trouvait dans la falaise, au-dessus du Banc des Fontaines, à une hauteur de cent ou cent cinquante pieds et dont l'entrée n'était visible ni de la mer, ni du haut de la falaise.

On y pouvait cacher, — ajoutaient-ils, — une bonne quantité de marchandises de contrebande.

La nuit qui suivit le départ des conscrits, je me munis d'une corde neuve de cent brasses au moins, et d'un fort pieu, bien pointu par un bout.

Je montai sur la falaise, à l'endroit qui donnait directement au-dessus du Banc des Fontaines.

J'enfonçai mon pieu dans la terre, à l'aide d'une grosse pierre que je trouvai sur les lieux.

J'attachai ensuite le double de ma corde à mon pieu, et, par le moyen de ma grosse pierre, j'envoyai les deux bouts en bas de la falaise.

Cela fait, je courus descendre à la vallure de Bénouville, et, parvenu à l'endroit où nous sommes, je trouvai mes deux bouts de corde qui pendaient le long de la roche.

Je saisis cette corde, j'attachai mon *pic* à ma ceinture, et, grâce à mon agilité, je me hissai en peu de temps au lieu désigné par les fraudeurs.

Ils ne m'avaient point trompé.

Je trouvai là une caverne assez *agréable* et qui ne demandait que bien peu de travail pour devenir une habitation fort commode.

Je lâchai un bout de ma corde, je tirai sur l'autre et j'ornai ainsi ma nouvelle demeure d'un *meuble* de cent brasses de long.

J'ai assujetti cette corde à un autre pieu, placé à l'entrée de ma grotte, et elle me sert d'escalier pour monter et pour descendre.

Pendant une quinzaine de jours, je travaillai avec acharnement, à l'aide de mon pic, à élargir et à orner ma demeure, et j'ai toujours à ma disposition les moyens d'empêcher qu'on ne me donne un assaut, car j'ai laissé à l'entrée de la grotte tous les débris de roche que j'ai retirés de la voûte et des parois, et ils me serviraient de mitraille si l'on cherchait à me dénicher.

Petit à petit mon père m'a apporté les principaux instruments dont j'avais besoin pour faire ma cuisine, et quelques bottes de paille qui sont devenues mon lit.

Je passe fort bien mon temps et je ne m'ennuie jamais.

La nuit, je vais à la pêche.

Le jour, je veille quand la marée est basse, et je dors quand les *passeux* sont fermés, — ou bien je m'occupe à écrire, car je tiens compte jour par jour des moindres incidents de ma vie, moitié souterraine, moitié aérienne.

Mon père t'a prié de m'apporter quelquefois du pain. Si tu as cette complaisance, comme je n'en doute pas, tu déposeras ce pain, par terre, contre cette grosse roche que tu vois en face de nous.

C'est là que mon père a l'habitude de cacher ce qu'il m'apporte, en ayant soin de le recouvrir d'un peu de galet, — mais cette précaution n'est guère utile, car aucun pêcheur ne connaît et ne visite ce trou-là.

Voilà, mon cher ami, de quelle façon je vis, à une centaine de pieds au-dessus du niveau de la mer.

Maintenant tu sais mon histoire tout entière.

Je suis sûr qu'elle est entre bonnes mains, car je te connais pour un ami.

Je ne te propose pas de monter chez moi, — l'escalier n'est pas assez facile, mais je te prie de m'attendre un instant ici...

Romain avait à peine achevé de parler, qu'il saisit une corde qui tombait verticalement du haut du rocher, et que, sautant d'abord sur un mamelon de la falaise et grimpant ensuite avec une agilité prodigieuse, il franchit en quelques secondes un espace énorme et il disparut.

Pierre Aubry avait à peine eu le temps de réfléchir sur l'horrible danger que courait son compagnon si la corde venait à se rompre, quand il le vit redescendre plus vite encore qu'il n'était monté.

— Il y a cela d'agréable dans une maison comme la mienne, — dit Romain en riant, — qu'on n'a jamais peur de perdre la clef, ni besoin de frapper à la porte...

Tout en parlant, il tira de sa chemise une bouteille qu'il déboucha et qu'il présenta à Aubry en lui disant :

— Goûte ceci, c'est du vin d'ermite !...

Les pêcheurs ont l'habitude de boire à la même bouteille.

Aubry ne se fit pas prier.

Il approcha de ses lèvres le goulot de la bouteille, et il ne la rendit à Romain qu'après avoir épuisé, en deux ou trois gorgées, une bonne partie du liquide.

— Comment le trouves-tu ?

Aubry fit claquer sa langue.

— Excellent ! — fit il ensuite.

— N'est-ce pas?

— Où diable t'es-tu procuré ce vin-là?... Je parie que le commissaire de la marine n'en boit pas de meilleur...

— C'est aux gros vents que je le dois...

— Comment cela?

— Il n'y a pas encore quinze jours que ma cave est garnie de ce précieux liquide.

Un soir, j'allai à la *flamèque*, — je fus assez heureux pour trouver ce petit *bon Dieu*...[1] — C'est à cette trouvaille que je dois le plaisir de pouvoir régaler un ami... — Compte bien que je conserverai ce vin pour les jours où tu viendras me voir...

Aubry tendit la main à Romain qui la prit et qui la serra.

---

[1] Nom que donnent les pêcheurs à de petits barils qui peuvent contenir douze à quinze litres.

VII

DÉCOUVERTE

— Voici, — dit Aubry après avoir achevé la bouteille, — voici qu'il commence à faire jour par le nord, et les portes vont bientôt se fermer... — Mon retard pourrait te compromettre, — je pars.
— A demain, — dit Romain.
— A demain, — répondit Aubry.
Et tandis qu'il se dirigeait vers le *passeux des fontaines*, Romain s'élançait dans l'espace qui le séparait de son trou.
De retour dans sa demeure aérienne, notre pêcheur alluma son feu, — prépara son repas, — le prit, et se jeta sur les bottes de paille qui lui servaient de lit.

Nous avons déjà dit qu'il ne veillait jamais quand les *passeux* étaient fermés.

Trois ou quatre heures de sommeil le reposaient assez pour lui permettre de retourner à ses occupations journalières.

Cette vie n'était pas sans attraits pour un pêcheur tel que Romain.

Souvent il avait le plaisir de contempler ces nuées de poissons qui viennent frétiller le long de nos côtes, et qui, bien que beaucoup plus rares aujourd'hui, n'en offrent pas moins encore quelquefois le sujet d'une véritable pêche miraculeuse.

Chaque soir il assistait au coucher du soleil, qu'il voyait descendre d'un ciel embrasé, pour se noyer dans une mer de feu.

Dans les jours de tempête, il était le seul témoin des convulsions des vagues en furie, incessamment foudroyées, et qui semblaient, par leur choc, ébranler la falaise jusque dans ses profondeurs.

Un temps assez long se passa sans que Romain eût autre chose à noter que des grands vents, des orages, et les visites de Pierre Aubry.

Il pensait souvent à son ami le mendiant dont il ne recevait aucune nouvelle.

Un jour, cependant, le facteur rural vint apporter au père de Romain une lettre adressée à son fils.

Mais le vieillard, craignant toujours qu'on ne lui tendît quelque piége, crut prudent de ne pas accepter.

— Hélas ! — répondit-il au facteur avec de feintes larmes, — j'ai tout lieu de croire que celui à qui s'adresse cette lettre n'est plus au nombre des vivants !...

Cependant on ne parlait plus de Romain à Étretat.

Comme tant d'autres, il était complétement oublié, mais l'heure de sa résurrection approchait.

Lorsque soufflent les grands vents du sud-ouest, qui rendent la mer houleuse et dure, les pêcheurs au rocher ont l'habitude, avant de commencer leur marée de pêche, de visiter la ligne de la pleine mer, dans l'espoir de trouver quelques débris jetés par la mer sur ses bords.

Un jour, le père Brindel, qui était du nombre des pêcheurs qui visitaient la plage, s'arrêta sur le banc des fontaines pour attendre que la marée, en se retirant, lui permît de passer de l'autre côté.

Il était assis sur une roche et fumait tranquillement sa pipe, quand il entendit un léger bruit qui semblait venir du ciel.

Il leva la tête et ne fut pas médiocrement surpris de voir, à une centaine de pieds de haut, un homme qui tenait entre ses mains le bout d'un cordage et qui se disposait à s'en servir pour descendre.

A la vue du pêcheur, cet homme rentra précipitamment dans une excavation de la falaise.

Le père Brindel avait parfaitement reconnu Romain.

Hâtons-nous d'ajouter qu'il ne parla de cette mystérieuse circonstance qu'à deux ou trois intimes et en leur faisant promettre le plus grand secret.

Un autre jour, — ou plutôt une autre nuit, — l'équipage d'un petit bateau de pêche avait vu de la lumière au milieu de la falaise, dans la direction du banc des fontaines.

Ces pêcheurs ne crurent pas mal faire que de raconter ce qu'il avaient vu.

On en parla beaucoup.

D'un autre côté, les amis du père Brindel avaient bavardé.

Une foule de bruits et de rumeurs se répandirent dans le pays.

Ces bruits finirent par éveiller l'attention de l'autorité.

On prit les mesures nécessaires pour s'assurer si effectivement Romain était caché dans la falaise.

On observa, — on veilla jour et nuit.

Bientôt les soupçons se trouvèrent changés en certitude.

Romain était parfaitement au courant de ce qui se disait à son sujet dans le village.

Il se doutait bien qu'on essayerait de le dénicher, et il se mit en mesure de répondre à la force par la ruse.

L'autorité locale, représentée par le maire d'Etretat, par le capitaine Gentil, commandant la milice, et par le lieutenant de la douane, se rendit chez le père de Romain.

Les trois fonctionnaires avertirent le vieillard du sort rigoureux qui serait réservé à son fils, s'il ne se constituait pas volontairement prisonnier.

Le vieillard ne répondit que par ses larmes.

Mais il s'adressa intérieurement à Dieu, et, dans un fervente prière, il le supplia de le prendre en pitié et de veiller sur Romain qui n'était coupable que d'un excès de piété filiale.

Le capitaine Gentil et le maire écrivirent à qui de droit.

La réponse ne se fit pas attendre.

Elle était explicite et renfermait l'ordre de se saisir, *à tout prix*, du réfractaire.

Le même jour où l'ordre en question arriva, le capitaine fit prendre les armes à une douzaine de canonniers et à une partie de la brigade de douane, et, se mettant à la tête de sa petite troupe, il gravit la côte avec eux et descendit la vallure de Bénouville afin d'aller assiéger Romain.

Une fois arrivé sur les lieux, le capitaine cria :

— Halte !...

Un brigadier de la douane s'approcha de lui d'un air assez narquois et lui dit :

— Capitaine, est-ce que vous comptez ordonner l'assaut ?

— Mais sans doute, — nous ne sommes venus que pour cela.

— Et sera-ce pour aujourd'hui !...

— Certainement.

— Ah ! fort bien. — C'est qu'il me semble que quelque chose a été oublié.

— Quoi donc ?

— Des ailes de *mauves* ou de *corneilles* pour monter là-haut...

Le capitaine fit la grimace.

— Diable ! — dit-il, — je n'avais pas pensé à ça !

— Vous voyez...

— Mais, avec de bonnes échelles, on viendra à bout d'escalader la falaise.

— Où sont-elles, ces échelles, capitaine ?...

— A Etretat, pardieu ! — répliqua l'officier de fort mauvaise humeur ; nous reviendrons demain...

Le brigadier retourna à son rang, en riant sous cape de la rare imprévoyance de son supérieur, et ce dernier s'apprêtait à commander :

— Portez armes ! — présentez armes ! — armes bras !... — demi-tour à droite, par le flanc droit ! arche !...

Mais il se ravisa aussitôt et ne voulut pas perdre son temps et sa promenade.

Il résolut de faire connaître à l'habitant du rocher le motif de sa visite.

En conséquence, il commença par tirer hors du fourreau son sabre inoffensif, et, l'agitant au-dessus de sa tête, de l'air du monde le plus belliqueux, il grimpa sur le banc des fontaines aussi haut qu'il lui fut possible d'atteindre ; puis se servant de ses deux mains comme de porte-voix, afin de se mieux faire entendre, il prononça ou plutôt il cria la formule suivante :

— Romain, au nom de la loi, je vous somme de vous rendre à l'instant même et sans résistance.

Trois fois de suite il prononça les mêmes paroles.

Trois fois de suite l'écho seul répondit à sa voix.

Il fallait se décider à partir sans avoir obtenu le plus léger résultat.

Le capitaine Gentil donna donc l'ordre du départ, en se promettant bien d'être plus heureux le lendemain.

Romain avait entendu à merveille la sommation qui venait de lui être adressée.

Mais il n'avait fait qu'en rire.

Du haut de son observatoire, il s'était bien vite aperçu que ses adversaires ne se trouvaient point en mesure de le venir attaquer.

Après leur départ, il dîna et passa en revue ses différents moyens de défense.

Ensuite il adressa à Dieu une prière fervente, et il se sentit parfaitement tranquille, car la prière donne du cœur et ranime le courage dans l'adversité.

La nuit descendit au ciel, lumineuse et étoilée; — Romain en tira un favorable augure.

Il passa quelques heures à pêcher et à monter dans sa grotte des tourteaux et des homards, au lieu de les laisser au réservoir.

Il contempla ensuite, avec une sorte d'extase, cette partie splendide du firmament qui lui laissait voir la voie lactée, la grande ourse et l'étoile polaire.

Enfin le sommeil vint l'avertir qu'il lui fallait quitter cette contemplation pour prendre un peu de repos.

Il s'endormit.

Pendant son sommeil il eut un songe.

Il lui sembla qu'un être au doux visage et aux grandes ailes blanches, bon ange ou bon génie, venait le visiter.

Cet esprit bienveillant lui parlait d'une voix mélodieuse.

Il l'exhortait à agir avec prudence et sagesse pendant le jour qui allait suivre, et à respecter la vie d'hommes qui, aux yeux de Dieu et à ceux de l'Etat, valaient mieux que lui...

Ce rêve avait un si étrange cachet de réalité, qu'à son réveil Romain se demanda si ce n'était qu'un songe, — ou si c'était une vision venue d'en haut.

Quoiqu'il en soit, le songe ou la vision laissèrent dans son esprit des traces profondes et ineffaçables.

Mais le soleil se tenait derrière les falaises, — la mer baissait, — et le temps manquait à Romain pour la réflexion, car l'ennemi allait sans doute bientôt arriver.

Le pêcheur fit sa prière du matin.

Une heure après ce moment, la marée était complétement descendu et le *passeux des fontaines* offrait une voie facile.

Pour la première fois sans doute depuis la naissance du monde, le bruit belliqueux d'un tambour se fit entendre sous les falaises, dont les échos répétaient le son d'une façon bizarre.

L'ennemi approchait.

VIII

L'ATTAQUE

Romain, averti par les roulements belliqueux des baguettes sur la peau d'âne, alla se placer à son observatoire.

Cet observatoire était une espèce d'embrasure qu'il avait percée lui-même dans la roche.

De là il pouvait tout voir sans être vu, et il se trouvait à même de lancer au besoin sa mitraille sur les assaillants.

Il aperçut alors, sous la conduite du capitaine Gentil, une cinquantaine d'hommes, armés de fusils et de sabres, et munis d'échelles, de pics, de cardes, de pieux, etc...

On déposa tous ces ustensiles de guerre sur

le galet, et le capitaine fit former un cercle autour de lui.

Il tira son épée, et, la brandissant comme la veille, il s'écria d'un ton pathétique, en se croyant autant de dignité que Napoléon haranguant son armée aux pieds des Pyramides :

— Soldats ! — l'heure de la gloire est arrivée !...

« Montrez-vous dignes d'être appelés des héros ? — Prouvez, en attaquant un ennemi redoutable et en triomphant, que vous ne reculez ni *devant le nombre,* ni devant les difficultés de toutes sortes !...

« Les siècles à venir conserveront la mémoire de votre courage.

« Je marcherais le premier au danger, si mon grade ne me faisait une loi de ne point exposer mes jours afin de veiller sur les vôtres !

« Cette nécessité est bien pénible, mais je m'y soumets en brave !

« Songez que du haut des falaises le soleil et les corneilles nous contemplent !...

« Vive l'empereur !... »

Après avoir ainsi parlé, le capitaine Gentil remit son sabre au fourreau, — tira de sa poche sa tabatière, et prit trois ou quatre prises afin de se donner un petit air dégagé.

Ensuite, et afin de mettre jusqu'au bout le bon droit de son côté, il remonta sur le banc des fontaines et cria trois fois de suite et du haut de sa tête :

— Romain, je vous somme de vous rendre à l'instant même et sans résistance !...

Mais il fut moins heureux que la veille, car le bruissement des vagues empêcha l'écho de lui répondre.

Le capitaine Gentil supposa que Romain ne l'avait point entendu.

En conséquence, il recommença pour la quatrième fois sa sommation, en se faisant accompagner par une douzaine des plus fortes voix de sa troupe.

Cette fois, l'effet produit par ces organes discordants fut si bizarre et si plaisant, que les plus vieilles moustaches elles-mêmes ne purent garder leur sérieux.

Un éclat de rire universel répondit à la sommation. — Ce fut le seul résultat obtenu.

Que faire alors?

— A l'assaut !... — cria le capitaine.

Le tambour battit la charge, et les canonniers relevèrent les échelles qu'ils se disposèrent à installer contre la falaise.

En ce moment on vit apparaître un homme à une grande hauteur.

C'était Romain.

Il voulait se faire voir avant d'engager l'action.

Le capitaine Gentil ne perdit point une occasion si belle.

Il s'avança de quelques pas et répéta d'une voix tonnante son antienne accoutumée.

— Au nom de la loi, Romain, je vous somme...

Mais il n'eut pas le temps d'achever.

En même temps une grêle de petites pierres fut lancée de la grotte de Romain.

Le capitaine bondit en arrière.

Les pauvres canonniers sur lesquels tomba cette grêle de projectiles en furent quittes pour de nombreuses contusions et quelques légères égratignures.

C'est en ce moment qu'il fallait voir les assiégeants éperdus se précipiter en désordre dans les *caves* de la falaise afin de n'être plus à la portée de la mitraille de Romain.

Le capitaine était furieux.

Un caillou avait à moitié enfoncé sa coiffure.

Le bout de son nez était entièrement meurtri par un autre.

Il rêvait les vengeances les plus éclatantes ;
— mais comment se venger ?

Son plan fut bientôt arrêté ; et, vraiment, il n'était pas plus mauvais qu'un autre.

Il allait d'abord diviser son monde en deux corps.

Le premier de ces corps se placerait en vue du trou, de manière à entretenir un feu bien nourri et à empêcher Romain de sortir.

Pendant ce temps, le reste des hommes, par le moyen d'une corde que l'on allait affaler d'en haut, installerait une échelle contre la falaise.

Sur l'ordre du capitaine, vingt-cinq hommes chargèrent leurs armes et sortirent des caves.

Romain leur fit au passage la charité d'un bon demi-hectolitre de petits morceaux de silex et de craie blanche.

C'était moins, sans doute, dans l'intention de les blesser que dans celle d'achever leur toilette en les poudrant.

Le capitaine grinçait des dents et, de rage, il se rongeait les poignets.

Il accompagna les tirailleurs et les fit placer assez loin dans le rocher pour qu'il fut possible de tirer à l'entrée du trou.

Alors il commanda la première décharge, qui devait se faire par deux coups à la fois,

Pendant un instant, il regarda l'effet pro-
ait.
ne vit qu'un peu de poussière qui tombait
l'effet du choc des balles.

Il ordonna néanmoins aux tirailleurs de con-
tinuer le feu jusqu'à son retour et il alla rejoin-
re l'autre moitié de sa troupe qui se disposait,
— quoique à contre-cœur, — à installer l'échelle
par le moyen d'un câble que l'on avait *filé* du
haut de la falaise et qui tombait jusqu'en bas.

Nouveau déboire !...

Le capitaine s'aperçut bien vite que le choc
des balles contre la roche en détachait des
morceaux qui rendaient inabordable par leur
chute la place où l'on devait installer
l'échelle.

On épargnait tout bonnement à Romain la
peine de lancer sa mitraille.

Le capitaine fut obligé de faire interrompre
le feu.

Ceci fait, on *amarra* le bout de la corde à
l'extrémité de l'échelle, et, à un signal convenu,
les hommes qui se trouvaient en haut commencèrent à tirer.

Tout allait pour le mieux.

Encore une minute, et l'échelle serait en
place.

Le capitaine triomphait.

Soudain une voix cria :

— Gare en bas !...

En même temps la corde était coupée par le milieu par une main invisible, et l'échelle tombait en se brisant en mille morceaux sur le galet.

Ah ! pour le coup, le capitaine Gentil perdit complétement la tête.

Il était hors de lui-même, — il se frappait le front !

Volontiers, dit-on, se fût-il arraché de grosses poignées de cheveux !...

Mais la crainte d'une calvitie précoce le retint.

Sans doute il allait devenir fou de rage et de désespoir, si Dieu, prenant pitié de lui, ne lui eût envoyé une étincelle lumineuse.

Il rassembla toute la compagnie dans une cave de la falaise, il fit de nouveau former le cercle, et il dit :

— Soldats, — au courage du lion réunissons la prudence du serpent !...

Le seul moyen de nous rendre maîtres de Romain, est de l'affamer... — Nous ne viendrons jamais à bout de le prendre sans cela !

Affamons-le donc !...

Les hommes de la compagnie qui avaient été occupés à entretenir le feu de file avaient remarqué qu'au moment des derniers coups de fusil, une fumée assez épaisse était sortie du trou à Romain.

Ceci leur faisait supposer que le feu avait pris dans la grotte et que sans doute en ce moment Romain était occupé à l'éteindre.

On fit part de cette supposition au capitaine.

Il hocha la tête, — il réfléchit longtemps, et, après une mûre délibération, il déclara qu'il regardait comme tout à fait impossible que le simple choc d'une balle eût mis le feu chez Romain.

On s'aperçut alors seulement que le bout de la corde avait été brûlé, ce qui avait causé la chute de l'échelle.

Ceci expliquait parfaitement bien cette fumée que les assiégeants avaient aperçue au moment où ils cessaient de tirer.

Il fallut se décider à rejoindre Etretat avec la moitié des hommes de l'expédition, tandis que l'autre moitié occuperait les deux postes indiqués par le chef.

Le capitaine ne voulut cependant pas laisser sur le terrain les débris, gage de sa défaite,

Il ordonna de ramasser, ou plutôt il ramassa lui-même les morceaux d'échelle et le bout de corde.

Tandis qu'il se livrait à cette désagréable occupation, il avait grandement peur d'une nouvelle mitraille.

Mais rien ne tomba.

Rien, du moins, qu'une grêle ironique de pelures de pommes de terre et de queues de poireaux.

Romain faisait sa soupe !...

IX

DISPARU

Le capitaine Gentil avait quitté Etretat, bouffi d'orgueil de commander une expédition aussi importante que celle dont il avait la direction.

Conduire cinquante hommes contre un seul, il y avait là, en effet, matière à s'enorgueillir !...

Et, maintenant, il lui fallait revenir l'oreille basse et tout couvert de poussière et de honte !... — Franchement, n'y avait-il pas de quoi se jeter la tête la première, du haut de la falaise ?...

Mais le capitaine Gentil tenait à la vie

Voyons, cependant, ce qui se passait pendant ce temps-là dans la demeure aérienne et souterraine du pêcheur.

Romain, dans un but que sans doute nous connaîtrons bientôt, s'occupait à mettre en bon ordre tout son petit mobilier.

Il fit différents paquets.

Il mit dans un sac de toile cirée une liasse de papiers, et il s'apprêtait à y joindre un petit christ, mais une réflexion l'arrêta.

Il posa d'abord ce christ devant lui, — il s'agenouilla et pria.

Sa prière étant achevée, il baisa le christ et le réunit aux autres objets contenus dans le sac de toile cirée.

Ces préparatifs étant achevés, il regarda longuement la mer qui se brisait avec force sur le rivage, et il dit tout haut :

— La marée les chassera bientôt !... les portes vont se fermer pour eux et s'ouvrir pour moi !...

. . . .
. . . .

Redescendons cependant sur le banc des fontaines et voyons ce qui se passait.

A mesure que la marée montait, — à mesure que chaque flot venait jeter son écume un peu plus haut que celui qui l'avait précédé, le poste placé par le capitaine Gentil avait reconnu l'impossibilité de tenir dans la cave à Aubry.

Canonniers et douaniers furent forcés de revenir sur leurs pas pour aller se poster dans une autre excavation de la falaise qui offrait une sûreté complète, à cause de sa position au-dessus du niveau des pleines mers.

Les vingt-cinq hommes du poste se trouvèrent donc forcés de rester dans ce trou pendant les deux heures que la mer les y tenait enfermés.

Cependant la nuit tomba et étendit sur les grèves et sur les falaises son manteau de ténèbres épaisses.

On était bien certain que, si on ne pouvait retourner au-dessous du trou à Romain, celui qui habitait ce trou ne pouvait pas davantage passer sans être vu ou sans s'exposer à mort à peu près certaine.

La vague, en se retirant, ne faisait que découvrir par intervalles un chemin qu'on ne pouvait tenter de suivre sans démence, car, de seconde en seconde, la plage était recouverte par des vagues écumantes et d'une force terrible, qui n'auraient pas laissé le temps de franchir un espace de cinq ou six pas, sans être enlevé violemment et brisé contre les écueils.

Enfin la mer se retira comme d'habitude et laissa la plage libre et belle.

Le poste franchit alors le périlleux détroit et reprit sa position dans la cave à Aubry.

Le reste de la nuit s'écoula sans amener le moindre incident digne de trouver place en ce récit.

Seulement, au bout de dix heures, il fallut de nouveau lever le siége, comme on l'avait fait la veille au soir.

Le jour parut.

Le capitaine Gentil et le lieutenant de la douane revinrent trouver leurs soldats et demandèrent un rapport sur ce qui s'était passé pendant la nuit.

On leur donna les détails insignifiants que nous avons rapportés plus haut et on leur affirma que personne n'avait passé.

Le capitaine Gentil se frotta les mains et dit :

— Ah ! mon gaillard !... mon gaillard !... nous te tiendrons bientôt !...

Au moment où la mer commençait à descendre, on vit arriver, du côté de la vallure de Bénouville, un vieux pêcheur qu'on appelait le père Jérome.

Il portait, comme d'habitude, sa manne sur l'épaule et sa gaffe à la main.

Il arriva, sans hâter son pas, jusqu'auprès du poste.

— Eh bien, mon capitaine, — dit-il, — y a-t-il du nouveau ? Aurez-vous bientôt Romain ?...

— Oui, parbleu, — répondit le capitaine, — ça ne peut guère tarder maintenant ; — il est impossible qu'il ait là-haut des provisions pour bien longtemps, et quand il se verra tout à fait affamé, il se rendra...

— Pourquoi donc que vous n'envoyez pas tout bonnement quelqu'un pour causer un peu avec lui et lui faire comprendre ça tout de suite ?...

— Envoyer quelqu'un ?... — répéta le capitaine.

— Oui.

— Où donc ?

— Là-haut, à son trou...

— Et comment voulez-vous qu'on y arrive, père Jérôme ?

— Au moyen d'une corde qu'on amarrerait en haut de la falaise.

— Et s'il coupe la corde ?...

— Dame !... c'est une chance...

— Et s'il se défend, — s'il éventre à coups de gaffe, ou s'il assomme à coups de pierres le parlementaire ?...

— Dame ! ça se pourrait bien tout de même...

— Je suis sûr que pas un de mes hommes n'y voudrait aller !...

Canonniers et douaniers furent en effet unanimes pour déclarer qu'ils refuseraient de tenter l'occasion.

— Vous voyez, — dit le capitaine.

— Eh bien, — répliqua le pêcheur, — qu'est-ce que ça prouve ?... Que c'est tous un tas de capons, voilà tout...

L'officier se récria.

Jérôme reprit :

— Et la preuve, c'est que j'irais bien, moi...

— Vous, père Jérôme !...

— Oui, moi qui vous parle.

— Eh bien, alors, allez-y.

— Seulement, je ne veux pas qu'il soit dit que j'aurai risqué ma peau pour rien...

— Vous voulez qu'on vous donne quelque chose ?...

— Oui.

— Quoi ? — Parlez, père Jérôme...

— D'abord ; je veux un petit écu...

— Vous l'aurez, — et ensuite ?

— Ensuite, il faut qu'on me prête un couple de pistolets, afin de pouvoir me défendre si Romain n'entendait pas la raison...

— C'est trop juste, — on vous donnera des pistolets ; — mais jamais, au grand jamais, père Jérôme, vous ne viendrez à bout de monter là-haut...

— Vous croyez ça, capitaine ?...

— Ma foi oui...

— Et pourquoi donc ?...

— Dame ! vous n'êtes plus de la première jeunesse...

— C'est vrai, — soixante-cinq ans, vienne la Saint-Michel, — mais ça n'y fait rien, — j'ai été mousse et matelot dans la marine de l'Etat, et j'ai encore des muscles solides... — vous verrez que j'arriverai...

Le capitaine expédia tout aussitôt un homme au poste qui se trouvait au haut de la falaise.

Cet homme portait l'ordre d'enfoncer un pieu et d'amarrer à ce pieu un cordage qui descendrait jusqu'au banc des fontaines.

On se souvient que tel avait été le moyen employé par Romain, la première fois qu'il avait voulu se hisser à son trou.

Une fois les préparatifs achevés, le père Jérôme ajusta une ceinture autour de ses reins, — mit les pistolets dans cette ceinture, — saisit le bout de la corde et commença à grimper péniblement.

Jérôme avait dit vrai.

Malgré son âge, sa vigueur était encore surprenante.

Il avançait lentement, mais il avançait.

Enfin, il parvint à la hauteur du trou à Romain.

Tous les regards le suivaient avec épouvante. — Tous les cœurs battaient, — tous les esprits étaient émus.

On tremblait pour la vie du vieillard.

A chaque instant on s'attendait à voir la corde coupée ou brûlée, et un cadavre mutilé rouler le long de la falaise et rebondir, brisé, sur le galet.

Enfin Jérôme posa le pied sur une anfractuosité du roc et disparut.

Il était arrivé.

Pendant une ou deux secondes, chacun pensa qu'on allait entendre la double détonation de ses pistolets....

Rien de tout cela n'arriva.

Au bout d'un instant, le pêcheur reparut au bord du trou et cria :

— Le nid est vide !... l'oiseau s'est envolé !

Qu'on juge de l'effet que durent produire ces paroles.

La consternation la plus profonde régna parmi les soldats. — La fureur se peignit en traits de feu sur le visage des chefs.

On essaya de douter d'abord de la bonne foi du vieux pêcheur. — On chercha à se persuader qu'il voulait favoriser l'évasion de Romain en rendant la surveillance moins active.

Mais quand on le vit redescendre et affirmer sous serment que le trou était vide, on fut bien forcé de commencer à le croire.

Un douanier, excité par les promesses du capitaine Gentil, se décida à monter à son tour.

Son témoignage vint confirmer celui du vieillard.

Le doute n'était plus, désormais, ni possible, ni permis, — il fallait se rendre à la désolante évidence.

Le plus désespéré de tous était le capitaine Gentil.

Il avait juré sur son épée vierge qu'il s'emparerait du fugitif, mort ou vif.

Et, maintenant, il ne savait pas même ce qu'il était devenu !...

Ah ! pauvre capitaine Gentil !...

Le bruit se répandit bien vite au village que Romain n'était plus dans son trou.

Une quantité de curieux accoururent alors sur la plage, — moins pour s'assurer que Romain avait effectivement disparu, que pour s'égayer un peu sur le compte des canonniers et de leur capitaine.

X

OU ÉTAIT ROMAIN

Voilà où en étaient les choses quand une vieille femme arriva tout éplorée sur la plage.

C'était la tante de Romain.

— Ah ! malheureux ! — cria-t-elle, — malheureux que vous êtes !... vous l'avez tué !... vous avez tué mon pauvre Romain qui n'avait jamais fait de mal ni à vous, ni à personne !...

Tout en parlant ainsi, elle sanglotait amèrement et laissait pendre sur ses épaules les longues mèches de ses cheveux gris.

Ensuite elle ramassa sur le galet une paire de gros sabots.

— Ces sabots appartenaient à Romain, — dit-elle ; — le malheureux garçon s'est noyé cette nuit, et c'est vous qui êtes cause de sa mort !...

Et elle pleurait avec un redoublement d'amertume.

A la vue de cette vieille femme tout en larmes, les officiers et les soldats ne purent s'empêcher de s'adresser intérieurement les mêmes reproches que la tante de Romain leur adressait tout haut.

Ils s'accusaient d'être, en effet, la cause de la mort du pêcheur.

Mais il était trop tard, et rien au monde ne pouvait désormais modifier quelque chose aux événements accomplis.

Il devenait inutile de monter plus longtemps la garde sous la falaise. — On reprit donc tristement le chemin du village.

La nouvelle de la mort probable de Romain répandit dans Etretat et dans toute la vallée un véritable chagrin.

Mais on finit, au bout de quelque temps, par oublier le pêcheur comme on en avait oublié tant d'autres et l'on se mit à s'occuper beaucoup de la paix, qui, selon toute apparence, n'allait point tarder à être conclue.

Enfin le jour tant souhaité arriva.

Un nouveau soleil se leva sur la France. — Napoléon, écrasé par le nombre de ses ennemis, fut obligé de s'avouer enfin vaincu, et, en même temps que la paix, une amnistie générale fut proclamée pour tous les réfractaires.

Un matin on vit arriver à Etretat un pêcheur, — la manne sur le dos et la gaffe à la main.

Ceux qui le rencontraient poussaient à sa vue un cri de surprise et de joie.

Ce pêcheur était Romain.

Les canonniers et les douaniers ne pouvaient en croire leurs yeux, — ils entouraient le *revenant* qui riait beaucoup de leurs exclamations d'étonnement.

Le dimanche suivant, afin de bien prouver à tout le monde sa résurrection, il se rendit à l'église à une heure très-avancée de la messe, — et il eut soin de se placer dans un endroit où il était en vue de tout le monde.

Le soir, il alla à la promenade dans la passée.

Il dansa en rond avec les filles et les garçons du village, et il chanta lui-même sa chanson.

Retournons cependant en arrière, et voyons ce qu'était devenu Romain pendant cette nuit qui passait pour avoir été la dernière de sa vie.

Le pêcheur, au moment où la pleine mer venait mettre en fuite ses gardiens, descendit de sa demeure aérienne en emportant sur son dos une partie de son bagage.

Son mobilier, quoique peu important, le mit dans la nécessité de faire plusieurs voyages consécutifs.

Au dernier, il capela le double de sa corde au pieu d'entrée de sa grotte et il descendit.

Une fois en bas, — le cœur serré et les larmes aux yeux, — il lâcha un bout de la corde, tira sur l'autre et rompit ainsi tout moyen de communication avec sa chère demeure.

Ensuite il s'élança à la mer et traversa trois fois de suite à la nage l'espace qui le séparait des éboulements de Vaudieu.

Après le troisième voyage, il s'assura qu'il n'avait rien oublié et il mit en sûreté tout son bagage en le cachant dans un creux de la falaise et en le recouvrant de galets.

Ensuite il côtoya la falaise et gagna la vallurée de Bénouville dont nous avons parlé bien souvent.

Il savait qu'une bonne partie de la brigade de la douane devait être en faction à l'issue de cette vallure.

Il courait donc un véritable péril en passant à côté du poste ; mais le mal était sans remède.

Romain monta doucement et avec des précautions infinies, car un caillou roulant sous son pied et tombant de rocher en rocher aurait suffi pour donner l'éveil.

Arrivé en haut, il s'arrêta et prêta l'oreille.

Il n'entendit aucun bruit suspect, et il supposa que tout le poste dormait et que l'homme de garde avait succombé lui-même au sommeil, ou était allé allumer sa pipe.

Il passa donc auprès du corps de garde, marchant nu-pieds, retenant son haleine, — et, ce mauvais pas une fois franchi, il s'achemina le plus vite qu'il put vers Etretat.

La nuit était noire, — nous l'avons déjà dit, — et il arriva sans avoir été vu de personne.

Au lieu d'aller droit à la porte de la chaumière de son père, il prit par les derrières, franchit une haie de clôture et alla frapper doucement à une fenêtre qui donnait sur un petit jardin.

Le vieillard s'éveilla en sursaut.

Il sauta en bas de son lit, vint à la fenêtre, l'ouvrit, et avec une prudence instinctive, il demanda tout bas :

— Qui est là?

— Moi, — répondit sur le même ton la voix de Romain.

Le pêcheur s'élança dans la chaumière et tomba dans les bras de son père, ivre de joie en le revoyant.

Romain mourait de faim.

Le vieillard apporta le peu de provisions qu'il avait chez lui, et, pendant le souper, le père et le fils avisèrent aux moyens de mettre le réfractaire en sûreté.

Lorsqu'on a des amis parmi les pauvres, il est rare que l'adversité les détache de vous.

Le père de Romain ne manquait donc pas d'amis toujours prêts à lui rendre service.

Il sortit immédiatement de chez lui et il alla trouver un pêcheur, — le père Jérôme, — qui demeurait à l'autre extrémité du village.

— Jérôme, — lui dit-il en l'éveillant, — j'ai besoin de toi...

— Bon.

— Tu sais qu'on traquait Romain dans son trou comme un loup dans son terrier?...

— Je ne le sais que trop, le pauvre garçon !...

— Eh bien, Romain n'est plus à la falaise...

— Bah !...

— Il s'est échappé !...

— Quand ?

— Il y a une heure.

— Que Dieu en soit béni !... — Où est-il maintenant ?...

— Chez moi.

— Il n'y peut pas rester, c'est là qu'on viendra le chercher d'abord.

— C'est justement pour ça que j'ai compté sur toi.

— Et tu as bien fait ! Tu veux que je le cache ?...

— Oui.

— Eh bien, amène-le, — il sera plus en sûreté chez moi que partout ailleurs...

— Je vais le chercher.

— Je l'attends...

— Merci, — dit simplement le père de Romain.

Il s'éloigna, et, au bout d'un quart d'heure, il revint avec son fils, que Jérôme installa dans une petite chambre obscure où personne n'entrait jamais.

— Reste-là, mon garçon, — fit-il ensuite, — et je réponds bien que, tant que tu n'en bougeras pas, personne ne viendra t'y chercher...

Au jour naissant, le père Jérôme descendait la vallure de Bénouville et se dirigeait vers le passeux des Fontaines.

Nous avons assisté à la petite comédie qu'il jugea convenable de jouer et dont nous connaissons les résultats.

L'autre comédie, jouée par une vieille tante qu'on avait mise dans le secret, était destinée à persuader à tout le monde que Romain avait péri, et, par conséquent, à couper court aux recherches.

Pendant ce temps Romain dormait d'un profond sommeil, car ses forces avaient été mises à une rude épreuve durant la nuit précédente.

A son réveil, il repassa dans son esprit tous les événements qui venaient de se succéder.

Il se reprocha d'avoir répondu peut-être un peu brutalement, par une mitraille de cailloux, à la sommation du capitaine Gentil.

— Qui sait ! — se disait-il, — peut-être, sans cette agression de ma part, n'aurait-on point tiré sur moi comme sur une bête fauve !...

Mais il se consolait d'autant plus facilement, qu'en résumé, personne n'avait été blessé par ses projectiles.

Il se mit ensuite à réfléchir sur le passé, et il regretta, non sans amertume, de n'avoir point suivi ses compatriotes au champ d'honneur où l'appelait la voix du devoir.

Mais il se répondait qu'il n'était point coupable puisque, comme son ami le mendiant Derviche, il n'était resté à Etretat que pour faire vivre son père.

Cependant plusieurs jours se passèrent sans que Romain quittât un seul instant la retraite dans laquelle il était enfermé.

Il connut alors toutes les douleurs, tous les ennuis de la captivité.

Sa prison, à la vérité, était volontaire, mais ce n'en était pas moins une prison, et il ne pouvait la quitter sans courir au-devant d'une autre prison plus pénible encore.

Combien ne devait-il pas souffrir, le pauvre Romain, accoutumé à la libre existence du pêcheur des grèves, — lui dont la poitrine avait besoin de se gonfler de cet air vif et pur, tout imprégné des senteurs marines de l'algue et du varech!...

La pêche au rocher, — c'était sa vie!...

Et maintenant, il lui fallait renoncer à tout jamais à cette industrie dont les fatigues mêmes lui semblaient des plaisirs, — il lui fallait mener, dans un sombre réduit, une existence sans mouvement, sans air, sans soleil!...

Qu'était-ce qu'une vie pareille, sinon une mort de chaque jour?...

XI

NOTRE-DAME DE FÉCAMP

Enfin, au bout de quelques semaines, cette misérable existence eut une fin, et ainsi que nous l'avons dit plus haut, Romain se trouva libre.

En haut de la côte de Fécamp, il existe une chapelle de la sainte Vierge.

La sainte image de la mère du Christ est l'objet d'une dévotion particulière pour tous les marins des côtes de Normandie. — Comme les marins aussi, dans un danger quelconque, il ne manquait pas de s'adresser à la bonne Vierge pour lui demander sa protection, et il s'en était toujours bien trouvé.

Il alla donc à la chapelle de Fécamp, remercier Notre-Dame, qui l'avait si visiblement sauvegardé.

A côté d'un bienfait il y a, ou du moins il devrait toujours y avoir une reconnaissance.

Les mendiants ne l'ignorent pas.

Aussi les voit-on groupés le long du sentier qui monte en serpentant la côte jusqu'à la chapelle de la Vierge.

Ils comprennent que ceux qui vont implorer pour eux-mêmes doivent se montrer charitables envers les autres.

L'un vous tend la main en vous disant d'une voix dolente :

— Bon chrétien, ne m'oubliez pas !...

Un autre vous dit :

— Ayez pitié de moi, Marie aura pitié de vous...

Quelques-uns se contentent de balbutier d'un ton plaintif :

— La charité, s'il vous plaît, pour l'amour de Dieu...

D'autres, enfin, murmurent avec componction :

— Si vous montez la côte, chrétien, je vais prier pour vous...

Et ils commencent en effet une prière, fervente en apparence, qu'ils interrompent bien vite pour faire une autre demande à l'arrivée d'un autre pèlerin.

En redescendant la côte, il faut bien se garder d'oublier de donner quelque chose à tous ces mendiants, car, dans le cas contraire, ils vous enverraient au diable d'aussi bon cœur qu'ils priaient pour vous un instant auparavant.

Romain, revenant de faire sa prière à la chapelle de la Vierge, regardait avec une grande attention chacun des pauvres auxquels il faisait l'aumône.

Mais il ne voyait pas celui qu'il cherchait.

Enfin il s'arrêta devant un cul-de-jatte de la plus souffreteuse apparence.

— Mon ami, — lui dit-il, — connaîtriez-vous, par hasard, le mendiant Derviche ?...

— Certainement, je l'ai connu, et je le connaîtrais bien encore s'il était dans le pays...

— Il n'y est donc pas ?...

— Non, — et nous ne le reverrons plus jamais.

— Pourquoi donc ?

— Les Prussiens l'ont tué.

Cette réponse étonna Romain.

— Entendons-nous bien, — dit-il, — je vous parle de Derviche le borgne...

— Eh ! oui, — Derviche le borgne... Derviche l'aveugle, comme il vous conviendra de l'appeler, quoiqu'il ne fût pas plus borgne et pas plus aveugle que vous et moi...

— Eh bien ?

— Eh bien, il a quitté le bâton d'aveugle, il a arraché le bandeau de borgne, — il a jeté la besace à tous les diables... et il s'est fait soldat.

— Soldat !... — s'écria Romain.

— Oui.

— Vous en êtes bien sûr ?

— Je l'ai vu en uniforme.

Cette nouvelle, qu'il était impossible de récuser en doute, produisit une telle impression sur Romain, qu'il quitta le cul-de-jatte sans même penser à mettre un sou dans la main qu'il tendait, et qu'il s'éloigna sans entendre les malédictions dont le mendiant désappointé l'accablait.

Sa tête était bouleversée et son cœur déchiré.

— Il ne pouvait se faire à cette pensée que son ami l'avait oublié, — qu'il était parti sans lui dire adieu, sans l'avoir averti de son départ, et qu'il ne le reverrait plus...

Le pêcheur se rappelait bien cette lettre qui

lui était adressée et que son père avait refusée par prudence.

Nul doute que cette lettre ne fût de Derviche; mais, maintenant, il n'était plus possible de se la procurer.

Romain, alors, commença à regretter plus amèrement que jamais sa vie passée et le fatal parti qu'il avait pris.

Il déplora amèrement de n'avoir point suivi ses camarades, qui bientôt allaient rentrer dans leurs foyers, après avoir glorieusement payé leur dette à la France...

C'est en proie à toutes ces pensées qu'il fit le trajet de quatre lieues qui sépare Fécamp d'Étretat.

Il rentra chez lui pâle et changé, comme s'il venait d'avoir à subir une longue maladie.

Un singulier désordre semblait régner dans sa tête et dans ses idées, et c'est à peine s'il répondait aux questions qu'on lui adressait. — Ses réponses, d'ailleurs, étaient vagues et incohérentes, comme s'il n'avait pas entendu ou pas compris.

Son père ne pouvait deviner ce qui avait amené un changement si étrange et si subit dans le caractère de son fils, et il s'en désolait tout bas.

Cependant il fallait vivre, et Romain continuait à aller chaque jour au rocher.

Mais, là, il recherchait la solitude et n'adressait plus la parole aux autres pêcheurs.

Tout au plus répondait-il de temps en temps quelques mots à Pierre Aubry, qui lui avait été si utile pendant qu'il était caché dans la falaise.

Lorsqu'il passait sur le banc des Fontaines, c'était toujours avec une vive douleur qu'il regardait l'endroit où était située sa grotte.

— Malheureux ! — se dit-il, — c'est là que je me suis caché pendant le temps que j'aurais dû employer à servir mon pays !...

Et il ne pouvait retenir ses larmes.

Cette vie de regrets dura quelque temps.

Un jour, un sous-officier et un capitaine vinrent frapper à la porte de la chaumière du pêcheur.

Son père s'y trouvait seul.

— Romain est-il là ? — demanda le sous-officier.

— Non, — répondit le père, un peu inquiet de cette visite, — mon fils n'est pas ici...

— Où donc est-il ?

— Je ne sais pas.

— Ah ! — dit le sous-officier en souriant, —

vous pouvez nous répondre franchement; je suis un des bons amis de Romain, je suis Derviche...

Ces paroles dissipèrent toute la défiance du vieillard.

— Mon fils vient de partir pour aller faire la pêche au rocher, — répondit-il, — il ne reviendra que dans quatre heures au plus tôt.

— Tant mieux, — nous allons aller le rejoindre.

Les deux militaires prirent congé du vieux pêcheur.

Ils montèrent la côte et descendirent la vallure de Bénouville.

Arrivés au banc des Fontaines, ils regardèrent autour d'eux et virent un pêcheur dans les passages de Vaudieu.

Ils se dirigèrent de ce côté, et Derviche ne tarda point à acquérir la certitude que ce pêcheur était Romain.

Ce dernier, profondément absorbé par sa besogne, ne s'était pas même aperçu qu'on venait de son côté.

Les deux hommes purent donc arriver à une portée de fusil de lui sans avoir attiré son attention.

Alors le sous-officier cria :

— Eh bien, pêcheur, la pêche est-elle bonne?

Romain tourna aussitôt les yeux du côté d'où était venue la voix, et, malgré l'uniforme, il reconnut du premier coup d'œil le mendiant Derviche.

Il accourut auprès de son ami et le serra dans ses bras avec effusion.

— Mon cher Romain, — dit ensuite le sergent, — je vous présente mon frère, le capitaine Hauville, — car vous savez que notre nom de famille est Hauville.

Romain salua, et, au grand étonnement de son ami, il se mit à fondre en larmes.

— Pourquoi donc pleurez-vous? demanda le soldat.

— C'est du bonheur de vous revoir, — on m'avait dit que vous étiez mort à l'armée, — j'ai prié longtemps pour vous, et, en vous voyant ensuite, ça m'a fait un si grand plaisir, qu'il me semble que ma poitrine est trop petite pour tenir mon cœur.

Le sergent ne répondit qu'en serrant la main de Romain.

Ce dernier se hâta d'achever la pêche, et ensuite, on se mit en route vers le banc des Fontaines.

Ce dernier endroit est le point d'arrivée et le

lieu de départ des pêcheurs. — C'est au-dessus, nous le savons, qu'était situé le trou à Romain.

Arrivés sur le galet, le pêcheur demanda au soldat pourquoi il l'avait oublié au point de partir sans le prévenir.

— J'ai bien pensé à vous avertir de mon projet, — répondit le sous-officier. — j'ai même été au moment de le faire, le jour où je vous ai dit que je voulais jeter bas les haillons du mendiant pour me faire berger ou pêcheur...
— mais j'ai été retenu par la pensée de la peine que vous causerait l'annonce de mon départ... je craignais aussi que vous ne vous décidassiez à me suivre, et que vos parents ne fussent ainsi privés d'un fils qui les soutenait. — Mais ne pensons plus à tout cela, puisque me voilà de retour, et dites-moi ce que vous êtes devenu pendant ma longue absence...

— Moi, — répondit Romain avec amertume, — pendant que vous défendiez votre pays je me suis caché !...

— Caché ?...

— Oui.

— Comment ?

— Là, — dit le pêcheur en désignant la falaise qui s'élevait au-dessus d'eux. — Ma tête était mise à prix, — on me traquait comme une bête fauve, et l'ordre était de s'emparer de moi, *mort ou vif!...*

— Mort ou vif!... — répéta le sous-officier avec stupeur.

— Oui, — dit Romain.

Et il raconta en peu de mots l'histoire de sa vie souterraine.

XII

PAUVRE ROMAIN

Après avoir achevé son récit, Romain ajouta, avec l'expression du véritable désespoir :

— Voilà ce que j'ai fait, et maintenant que je suis libre, je ne puis plus vivre !... — Il me semble que tout le monde me regarde avec dédain... — il me semble que toutes les lèvres s'entr'ouvrent pour me crier : *Lâche!*... — Un remords continuel me ronge et me reproche de n'avoir rien fait pour mon pays.

L'exaltation de Romain était extrême, tandis qu'il parlait ainsi, et ressemblait presque à de la démence.

Les deux frères eurent toutes les peines du monde à lui faire comprendre que son courage n'aurait pas suffi pour empêcher la chute de Napoléon, mais que, du moins, ses regrets prouvaient un noble cœur.

Leurs paroles consolantes calmèrent un peu le pêcheur.

Elles n'eurent point, à la vérité, le bonheur de chasser à tout jamais la sombre monomanie dont le germe était en lui désormais, mais du moins elles apportèrent à ses chagrins un adoucissement momentané.

Romain conduisit le capitaine et le sergent à la vieille cabane qu'il avait pratiquée dans une cave de la falaise et où, jadis, il avait bien souvent reçu le mendiant Derviche.

Il présenta des escabeaux de bois à ses hôtes... — il alluma du feu et il se mit en devoir de faire cuire sa pêche.

Pendant ce temps, le capitaine l'interrogeait avec curiosité sur les détails de son métier de pêcheur.

Mais il ne répondait qu'à peine, et d'une façon vague et distraite, aux questions que lui adressait le frère de son ami.

Enfin les tourteaux et les homards furent cuits.

Romain avait du pain, du sel et un peu de cidre.

On mangea de bon appétit, — les soldats du moins, — car Romain ne toucha presque à rien.

— Êtes-vous donc malade?... souffrez-vous? demandait le sous-officier.

Et Romain répondait d'un ton lugubre qu'il se portait le mieux du monde.

En remettant son couteau dans sa poche, Derviche fit tomber une croix de la Légion d'honneur, attachée à un ruban rouge.

Romain tressaillit.

— Est-ce donc à vous? — fit-il d'une voix à peine distincte.

— Oui, — balbutia le sergent avec embarras.

Romain n'ajouta pas un seul mot, et, pendant quelques minutes, il se renferma dans un profond silence.

Derviche, connaissant la susceptibilité d'impression de son ami, avait ôté sa croix avant de venir le trouver. — Mais le hasard avait voulu que Romain vît l'*étoile des braves* dont était décoré son ami.

On resta au banc des Fontaines aussi longtemps que la marée montante le permit, puis on se mit en route pour regagner le village.

Les deux frères reconduisirent Romain jusqu'à sa maison,

Ils lui firent promettre qu'il viendrait passer quelques semaines avec eux à Caudebec, aussitôt qu'ils y seraient revenus.

Romain en prit l'engagement.

Ils demeurèrent ensemble pendant tout le reste de la journée, puis ils montèrent en voiture en disant à Romain :

— Au revoir !...

— Au revoir !... — répondit le pêcheur.

Hélas ! c'était adieu qu'ils auraient dû se dire.

Ils ne devaient plus se rencontrer en ce monde.

Romain, resté seul, alla se coucher.

Sa tristesse habituelle était devenue une sorte de véritable désespoir.

Une pensée déchirante venait sans cesse interrompre son sommeil.

— Il me quitta couvert de haillons ! — se disait-il, — et Il revient couvert de gloire !...

Il n'avait plus aucun plaisir à penser à Derviché.

Sa présence, au lieu de le soulager, n'avait fait que fournir un nouvel aliment à son chagrin.

Il ne trouvait plus de consolation sur la terre ; alors il se tourna complétement vers le ciel.

Il se jeta jusqu'au cou dans la dévotion.

Mais ce n'était point cette dévotion calme et confiante, douce, éclairée, qui guérit les blessures du cœur et donne de la force aux faibles.

C'était un fanatisme superstitieux, sombre, farouche, inintelligent.

Pour tout dire en un mot, c'était une véritable folie, car ce pauvre Romain devenait fou.

L'aliénation bizarre qui s'empara de lui, consista à lui persuader qu'il avait commis de si grandes fautes, qu'il ne pouvait espérer de pardon ni en ce monde ni en l'autre...

Il se regarda comme condamné sans ressource et sans espoir à la damnation éternelle.

Il prit la physionomie et les allures farouches d'un désespéré.

Bientôt Romain ressembla davantage à un spectre poursuivi par les remords, qu'à une créature humaine et vivante.

Ses vêtements étaient en lambeaux, — ses cheveux hérissés, — ses joues creuses et hâves, ses yeux rouges et hagards.

Il ne reconnaissait plus personne, pas même son père, — à plus forte raison ceux qui avaient été jadis ses amis.

Il recherchait les lieux les plus sauvages, —

il fuyait tout le monde, et il devenait lui-même un objet d'effroi pour les habitants d'Étretat.

Romain ne pêchait plus, et, comme il ne demandait pas l'aumône, on ne savait bien souvent de quoi il vivait.

Parfois il disparaissait pendant plusieurs jours, sans que personne pût deviner ce qu'il était devenu pendant ce temps-là.

Un matin, des pêcheurs, en arrivant au banc des Fontaines, trouvèrent un cadavre brisé étendu sur le galet.

C'était le cadavre de Romain.

Le pauvre fou avait été conduit la nuit sur la falaise par son instinct de pêcheur, et il avait fait ainsi son dernier pas dans la vie.

Il fut enterré en terre sainte.

Dieu ait son âme !...

— Pêcheurs d'Étretat, — prions pour lui !...

Ainsi finissait le manuscrit de Coquerel que je viens de mettre sous vos yeux, cher lecteur, sans y changer un mot, — une syllabe, une virgule.

Depuis l'époque où ce manuscrit fut remis entre mes mains, j'ai pris des renseignements auprès des personnes qui, dans le pays, se trouvaient en position d'être le mieux renseignées.

Ces renseignements m'ont apporté la conviction que tous les faits relatés dans le manuscrit de Coquerel sont de la plus rigoureuse exactitude.

Plusieurs témoins oculaires des événements qu'on vient de lire vivent à Étretat.

Parmi ces témoins, — je citerai le père Pierre Aubry, âgé de près de cent ans, — et le capitaine Gentil.

L'un fut l'ami de Romain, — l'autre ne fut son ennemi que par circonstance, — et ne lui fit d'ailleurs pas grand mal.

Tous deux sont les plus honnêtes et les plus excellentes gens du monde.

Maintenant, puis-je me permettre de dire mon opinion sur les causes de la folie et de la mort de Romain ?

D'abord, il me paraît prouvé que le pêcheur réfractaire était d'un caractère extrêmement exalté et impressionnable. — A de tels caractères la solitude et la méditation ne valent rien.

L'isolement absolu de Romain dans sa caverne aérienne le prédisposa fatalement à cette hypocondrie lugubre qui devait s'emparer de lui un peu plus tard.

Si Romain eût vécu au milieu des autres hommes, il n'aurait certes pas succombé à une monomanie de remords absurdes et bizarres, car jamais, dans aucun pays du monde, on n'a considéré les réfractaires comme des hommes déshonorés.

Quant à sa mort, on l'attribua généralement à un accident.

Un suicide me paraît plus vraisemblable, surtout en raison de l'endroit choisi pour la chute.

Entre ces deux suppositions, que le lecteur décide.

Je m'arrête ici, — et je dis en terminant :

— Que Dieu ait son âme !... — Pêcheurs d'Étretat, priez pour lui !...

FIN

TABLE

I. — Un concierge	1
II. — Maurice et la Belzébuth	10
III. — L'interrogatoire	18
IV. — Les trois complices	34
V. — Divagations et transitions. — Un pastel de Giraud. — Léontine	42
VI. — Maurice et Léontine	52
VII. — Amour	60
VIII. — Un dénoûment	69
IX. — Une désillusion	77
X. — Un Mécène	92
XI. — Impasse de Constantine	102
XII. — Traquenard	112
XIII. — Mine et contre-mine	126

XIV.	— Le retour à Paris.	136
XV.	— Les roueries de la Belzébuth.	144
XVI.	— La maison isolée.	153
XVII.	— Faits Paris.	165
	Post-Scriptum	173

Une histoire normande

I.	— Coquerel	175
II.	— Le portefeuille du mendiant	184
III.	— Le mendiant	194
IV.	— Les deux amis	204
V.	— Réfractaire	215
VI.	— Le trou à Romain	225
VII.	— Découverte	235
VIII.	— L'attaque	245
IX.	— Disparu	255
X.	— Où était Romain	264
XI.	— Notre-Dame de Fécamp	274
XII.	— Pauvre Romain	284

Saint-Amand (Cher).— DESTENAY, imprimeur breveté.

www.ingramcontent.com/pod-product-compliance
Lightning Source LLC
Chambersburg PA
CBHW070742170426
43200CB00007B/621